Neuer Start 1

Sprachbuch und Sachinformation für Aussiedler
Deutsch-Russisch

von Gerhard Neuner, Matthias Stolle, Irena Liebetrau, Georg Hesse und Wolfgang Schmitt unter Mitarbeit von Fritz Kahre, Wolfgang Kruppa, Hanne Wiltsch

LANGENSCHEIDT

Berlin · München · Leipzig · Wien · Zürich · New York

Gesamtredaktion: Mechthild Gerdes
Russische Textteile: Elwira Scholl
Redaktion der russischen Textteile: Susanne Brudermüller
Grafische Gestaltung und Umschlag: Frauke Bergemann
Illustrationen: Jörg Drühl
Photos (mit Ausnahme der im Quellenverzeichnis angegebenen): Frauke Bergemann

Neuer Start Band 1 liegt in zwei Fassungen vor:
Deutsch–Polnisch, Bestell-Nr. 49960
Deutsch–Russisch, Bestell-Nr. 49961

Zu Neuer Start Band 1 gibt es eine Toncassette mit den Hörtexten.
Diese Texte haben im Buch das Symbol:

Bestell-Nr. der Toncassette: 84508

Druck: 11. 10. 9. 8. 7. 6. | Letzte Zahlen
Jahr: 99 98 97 96 95 94 | maßgeblich

© 1990 Langenscheidt KG, Berlin und München

Das Werk und seine Teile sind urheberrechtlich geschützt.
Jede Verwertung in anderen als den gesetzlich zugelassenen Fällen
bedarf deshalb der vorherigen schriftlichen Einwilligung des Verlages.

Druck: Schoder Druck, Gersthofen
Printed in Germany · 3-468-**49961**-2

Inhalt

Kapitel 0 Sprachsensibilisierung 6

Wörter im Deutschen, die man vom Polnischen/Russischen her verstehen kann
Wortfelder: Stadt, Technik, Politik, Kultur, Fabrik, Sport usw.
bestimmter Artikel und Genus
Aussprache deutscher Laute im Vergleich zur Aussprache im Polnischen bzw. Russischen

Kapitel 1 Erstes Kennenlernen 11

Themen:
Erste Kontakte: sich vorstellen
Im Unterricht
Die Europäische Gemeinschaft und die Bundesrepublik Deutschland
Wo man sich trifft
Beim Fußball

Grammatik:
Konjugation
Kardinalzahlen 1–100
Aussprache
Aussagesatz – Satzfrage – Wortfrage

Kapitel 2 Kontaktaufnahme 20

Themen:
Berufe
Sich selbst und seine Familie beschreiben:
Wer? Woher? Wie alt? Was von Beruf? Wie viele Kinder?
In der Diskothek
Nicht alle Leute sind so freundlich

Grammatik:
Substantive mit männlicher und weiblicher Endung
Adjektivbildung aus Substantiven
Konjugation von „sein" und „haben"

Kapitel 3 Weitere Kontakte in der näheren Umgebung 26

Themen:
Wo man andere Leute trifft
Probleme im Deutschkurs
Die Bundesrepublik heute: Länder, Hauptstädte, Großstädte, Flüsse, Autokennzeichen, Entfernungen
Verwaltung: Viermal Stadtallendorf (Bund–Land–Kreis–Gemeinde/Stadt)
Behördenwegweiser: Institutionen und Einrichtungen in unserer Stadt

Grammatik:
Bestimmter und unbestimmter Artikel und ihre Funktion
Possessivpronomen
„ein" – „kein"
Adjektivbildung aus Substantiven
Verneinung: „nicht" – „kein"
Fragepronomina
Kardinalzahlen ab 100

Kapitel 4 Umgang mit Behörden: Anmeldung/Lohnsteuerkarte 40

Themen:
Stadtverwaltung/Gemeindeverwaltung
Anmeldung und Lohnsteuerkarte
Das Anmeldeformular von Herrn Sosna
Melden Sie sich an!
Lohnsteuer und Lohnsteuerkarte
Die Lohnsteuerkarte von Herrn Borovik

Grammatik:
Akkusativ
Zusammengesetzte Substantive
Zusammengesetzte Substantive mit Fugenzeichen
Imperativ

Inhalt

Kapitel 5 — Kontaktaufnahme: Telefonieren — 49

Themen:
- Das Arbeitsamt
- Der Münzfernsprecher
- Vorwahlnummer und Ortskennzahlen
- Telefonbücher und Rufnummern
- Wie bekommt man ein Telefon?
- Die Telefonrechnung
- Telefonieren
- Noch ein Telefonat
- Das Arbeitsamt
- Das Arbeitsamt hilft: Ein Beispiel

Grammatik:
- Plural von Substantiven
- Die Monatsnamen/Die Jahreszeiten/Die Tageszeiten
- Wichtige Zeitangaben
- Zeitpunkt und Zeitdauer erfragen
- Trennbare Verben (nichttrennbare Verben)

Kapitel 6 — Einkaufen: Lebensmittel — 60

Themen:
- Lebensmittel
- Einkaufen im Supermarkt
- In der Fleischwarenabteilung
- Das Paket
- Ein Super-Sonder-Angebot
- Preise von Sonderangeboten vergleichen

Grammatik:
- Steigerung
- Vergleich
- Ordnungszahlen

Kapitel 7 — Einnahmen und Ausgaben — 68

Themen:
- Geld: Einnahmen und Ausgaben
- Familie Weitzel
- Die Lohnabrechnung von Herrn Weitzel
- Die Sozialversicherung
- Ein Gespräch mit Frau Weitzel
- Haushaltsausgaben von Familie Weitzel
- Das Geld und die Bank: das Girokonto
- Ein Konto eröffnen

Grammatik:
- Trennbare Verben/Satzklammer
- Nichttrennbare Verben

Kapitel 8 — Reisen — 76

Themen:
- Am Bahnhof
- Gespräche am Bahnhof
- Die Einladung
- Familie Sosna macht einen Besuch
- Was kostet die Fahrt von Kassel nach Köln?
- Verkehrszeichen
- Autobahnen, Bundesstraßen und Flughäfen in der Bundesrepublik und Berlin (West)

Grammatik:
- Modalverben: Konjugation
- Modalverb als Vollverb
- Modalverb als Hilfsverb/Satzklammer

Kapitel 9 — Gesundheit/Krankheit — 85

Themen:
- Körperteile/Schmerzen benennen
- Sie sind krank! Gehen Sie bald zum Arzt!
- Was die Krankenkasse bezahlt
- Nelly Karron geht zum Arzt
- Mehrmals täglich Tabletten …
- Herr Bohne war beim Zahnarzt: eine Bestätigung

Grammatik:
- Modalverben
- Präteritum von „sein" und „haben"

Inhalt

Kapitel 10 — Über Vergangenes reden — 95
- **Themen:** Elena Gruscha: früher und jetzt
  Ludwig Lang und seine Familie
  Wo bist du so lange gewesen?
  Was habt ihr am Sonntag gemacht?
  Die Verwandten
- **Grammatik:** Vergangenheit – Gegenwart: Perfekt – Präsens
  Perfekt: Die Formen
  Regelmäßige Verben
  Wortfolge in Sätzen mit Perfekt

Kapitel 11 — In der Stadt — 103
- **Themen:** In der Stadt
  Der Stadtplan
  Herr Schmitt besucht Familie Sigorski
  An der Bushaltestelle/Fahrkartenkauf/Im Bus/In der Straßenbahn
  Wie gut kennen Sie die Stadt, in der Sie wohnen?
- **Grammatik:** Ortspräpositionen mit Dativ

Kapitel 12 — Wohnen — 109
- **Themen:** Das Haus
  Mietpreise – Sozialer Wohnungsbau – Mietzuschuß
  Wohnungssuche: Zeitungsanzeigen
  Ein Anruf
  Die Wohnung: ein Grundriß
  Wohnungseinrichtung
  Möbel
  Möbel kaufen mit Kredit
  Der Mietvertrag
- **Grammatik:** Präpositionen mit Dativergänzung
  Präpositionen mit Dativ- oder Akkusativergänzungen

Kapitel 13 — Kleidung/Textilien — 120
- **Themen:** Im Kaufhaus
  Farben – Stoffe
  Worauf Sie beim Einkauf achten sollten
  Ein Sommerkleid für Mutter
  Kleidung im Sommer – im Winter
  Die Reklamation
  Alles super-billig! Alles gut?
  Die gewaschene Bluse
  Einkaufen mit dem Versandhaus-Katalog
- **Grammatik:** Personalpronomen im Dativ und Akkusativ
  Verben mit Ergänzungen im Dativ und Akkusativ
  Verben mit Dativ

Kapitel 14 — Stellensuche — 130
- **Themen:** Tabellarischer Lebenslauf
  Anerkennung der in Osteuropa erworbenen Schul-/Berufsabschlüsse
  Johanna Blitz sucht eine Stelle
  Frau Blitz bewirbt sich um eine Stelle als Elektrikerin

Kapitel 15 — Deutschland im 20. Jahrhundert – Die Bundesrepublik Deutschland — 135
- **Themen:** Deutschland im 20. Jahrhundert – Ein Überblick
  Zur Bundesrepublik Deutschland – ihre Verfassung
  Die demokratischen Parteien in der Bundesrepublik
  Wahlen in der Bundesrepublik

Deutsche Wörter, die man vom Polnischen bzw. vom Russischen her verstehen kann — 141

Quellenverzeichnis für Texte und Illustrationen — 144

1 Die Stadt   Город

1 Was kennen Sie in dieser Stadt? Notieren Sie bitte.
Что Вам известно в этом городе? Напишите, пожалуйста.

_____

_____

2 Was gehört zusammen? Ordnen Sie zu.
Что к чему относится? Соберите по группам.

- ② Technik
- ○ Fabrik
- ○ Sport
- ○ Musik
- ○ Theater
- ○ Kommunikation
- ○ Politik
- ○ Architektur
- ○ Schule

2 Kennen Sie das? Знаете ли Вы это?

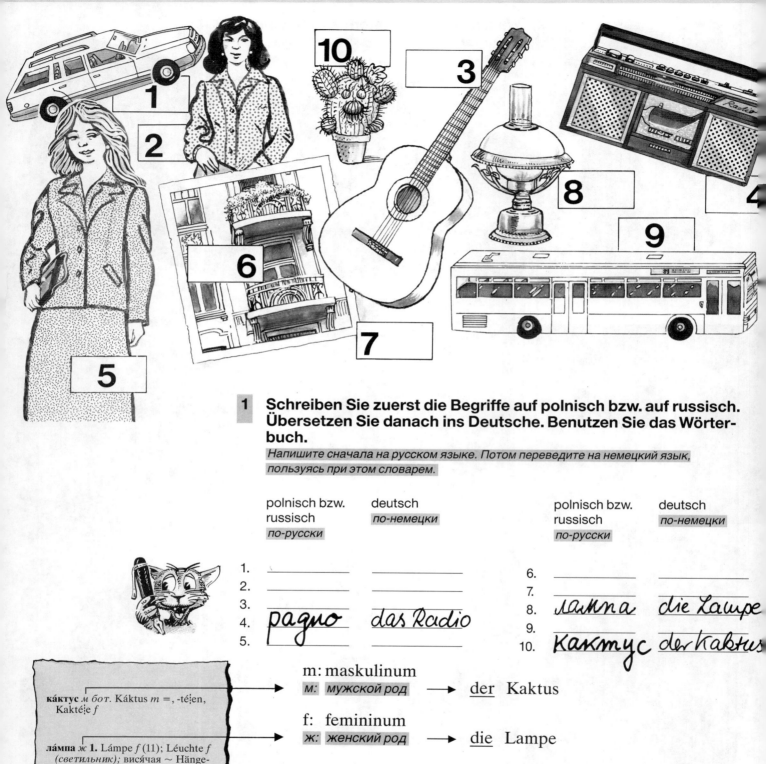

1 Schreiben Sie zuerst die Begriffe auf polnisch bzw. auf russisch. Übersetzen Sie danach ins Deutsche. Benutzen Sie das Wörterbuch.

Напишите сначала на русском языке. Потом переведите на немецкий язык, пользуясь при этом словарем.

polnisch bzw. russisch / по-русски	deutsch / по-немецки		polnisch bzw. russisch / по-русски	deutsch / по-немецки
1.		6.		
2.		7.		
3.		8.	лампа	die Lampe
4. радио	das Radio	9.		
5.		10.	кактус	der Kaktus

кактус м бот. Káktus m =, -téjen, Kaktéje f

лáмпа ж 1. Lámpe f (11); Léuchte f (светильник); висячая ~ Hänge-

рáдио с 1. Rádio n -s, Funk m -(e)s;

m: maskulinum / м: мужской род → der Kaktus

f: femininum / ж: женский род → die Lampe

n: neutrum / с: средний род → das Radio

 Das Geschlecht der Substantive im Polnischen bzw. Russischen kann in der Regel der Endung entnommen werden. Im Deutschen hingegen wird das grammatikalische Geschlecht durch den bestimmten Artikel „der", „die", „das" ausgedrückt.

В большинстве случаев род существительных в русском языке можно определить по окончаниям. В немецком языке грамматический род существительных выражен определенным артиклем: „der", „die", „das".

2 Übersetzen Sie bitte ins Deutsche.
Переведите, пожалуйста, на немецкий язык.

кофе	*der Kaffee*	суп	_____
огурец	_____	карп	_____
соль	_____	банан	_____
мармелад	_____	какао	_____
ананас	_____	картофель	_____
перец	_____	гуляш	_____
аппетит	_____	салат	_____

Die polnischen (russischen) und deutschen Bezeichnungen für ein- und denselben Gegenstand haben nicht zwangsläufig dasselbe Geschlecht.

Русские и немецкие названия существительных не всегда однородны.

3 Welche der folgenden Wörter gehören zu welchem Oberbegriff? Stellen Sie Gruppen von Wortlisten zusammen. Arbeiten Sie mit Ihrem Nachbarn.
К каким родовым понятиям относятся следующие слова? Составьте список групп слов. Работайте совместно с соседом.

die Maschine, das Tennis, die Musik, das Museum, das Telefon, das Hockey, das Ballett, die Partei, die Oper, der Automat, die Antenne, das Theater, das Ministerium, der Slalom, das Telegramm, die Demokratie, der Roboter, das Radio, das Konzert, das Parlament, das Stadion

KULTUR (*die Musik*) — FABRIK — POLITIK — KOMMUNIKATION — SPORT

4 Viele deutsche Wörter sind mit polnischen und russischen Wörtern verwandt, z. B. deutsch Akkord, polnisch *akord*, russisch *akkord*. Welche dieser ähnlichen Wörter kennen Sie? Welche können Sie zusätzlich im Wörterbuch erkennen? Sehen Sie gemeinsam die deutsche Spalte Ihres Wörterbuchs durch und machen Sie eine alphabetische Liste von diesen Wörtern.
Многие немецкие слова схожи с русскими, например: Akkord, по-русски аккорд. Какие схожие слова Вы еще знаете? Какие Вы можете узнать в словаре? Просмотрите совместно немецкую колонку Вашего словаря и составьте алфавитный список этих слов.

deutsches Wort	polnisches bzw. russisches Wort
немецкое слово	русское слово
Abonnement	_____
absolut	_____
Adresse	_____
...	...

3 Phonetische und ortographische Zeichen – Фонетические и орфографические зна...

Deutscher Laut Немецкий звук		Beispiel Пример	Ähnlicher russischer Laut Сходный русский звук	Deutscher Laut Немецкий звук		Beispiel Пример	Ähnlicher russischer Laut Сходный русский звук
Phonetische Zeichen Фонетический знак	Orthographische Zeichen Орфографический знак			Phonetische Zeichen Фонетический знак	Orthographische Zeichen Орфографический знак		
[a]	a	**A**ntenne	а	[f]	f, ff, v, ph	**F**ilter, Ka**ff**e, Negati**v**, **Ph**ysik, **V**etter	ф
[aː]	a, aa, ah	S**aa**l, St**ah**l	(а)	[v]	w, v	**V**ase, **W**aggon	в
[ɛ]	e, ä	**H**otel, **H**olländer	э	[s]	s, ss, ß	Ga**s**, Ka**ss**e, Kompromi**ß**	с
[ɛː]	ä, äh	Univers**ität**, Pr**ä**mie	–	[z]	s	**S**alat	з
[eː]	e, ee, eh	Th**e**ma, Komit**ee**	–	[ʃ]	sch, s vor p, t	**Sch**ule, **S**tation, **S**port	ш
[ə]	e	G**e**burt	е*	[ʒ]	g, j	**G**arage, **J**argon	ж
[i]	i	F**i**lm	и	[ç]	ch, ig	i**ch**	х (химия)
[iː]	i, ie, ih	K**i**no, Poes**ie**	(и)	[j]	j, y	**J**ustiz, **Y**ard	й
[ɔ]	o	**O**ktave	о	[x]	ch	Lo**ch**	х (хорошо)
[ɔː]	o, oo, oh	**O**per, **Z**oologie, **Oh**!	–	[h]	h	**H**arfe	–
[u]	u	Kl**u**b	у	[t]	t, tt, th, d	**T**est, Banke**tt**, **Th**eater, Jo**d**	т
[uː]	u, uh	Bl**u**se	(у)	[d]	d, dd	**D**ialog	д
[œ]	ö	Mass**eu**r	ё	[p]	p, pp, b	**P**rodukt, Gri**pp**e, Klu**b**	п
[øː]	ö, öh	M**ö**bel	ё	[b]	b, bb	**B**ar	б
[y]	ü, y	K**ü**mmel	ю	[k]	k, ck, c, ch, kk, g	**K**iosk, Druc**k**, **C**afé, **Ch**or, Geor**g**, A**kk**ord	к
[yː]	ü, üh, y	Kost**ü**m, T**y**p	ю	[g]	g, gg	**G**ips, Wa**gg**on	г
[ai]	ai, ay, ei, ey	M**ai**, M**ei**ster	ай	[ts]	z, tz, c	**Z**entrum, Pla**tz**	ц
[au]	au	**Au**to	–	[tʃ]	tsch	deu**tsch**	ч
[ɔi]	eu, äu	N**eu**trum	ой	[ks]	x	Te**x**t	кс
[ã/õ/ẽ]	an, on, en	Restaur**ant**, Wagg**on**, Appartem**ent**	–	[kv]	qu	**Qu**alifikation	кв
[m]	m, mm	**M**usik, Nu**mm**er	м				
[n]	n, nn	**N**ation, Wa**nn**e	н				
[l]	l, ll	**L**ampe, Mode**ll**	л/ль				
[r]	r, rr	**R**ente, Gita**rr**e	–				

Im Gegensatz zum Polnischen bzw. Russischen unterscheidet man im Deutschen kurze und lange Vokale und Umlaute ä, ö, ü (s. Tab.), die bedeutungstragend sind.

z. B.: St**ah**l [Staːl] – сталь
St**a**ll [Stal] – хлев

В отличие от русского языка имеются в немецком языке краткие и долгие гласные и перегласовки ä, ö, ü (см. табл.), которые знаменательны.

Doppelvokale aa, oo, ee und Doppelkonsonanten mm, nn usw. werden im Deutschen (anders als im Polnischen bzw. Russischen) als *ein* Laut ausgesprochen.

Двойные гласные aa, oo, ee и двойные согласные mm, nn и т.д. произносятся в немецком языке (иначе чем в русском языке) как один звук.

1 Suchen Sie gemeinsam mit Ihrem Lehrer weitere Aussprachebeispiele. Benutzen Sie die Liste im Anhang S. 140

Найдите вместе с Вашим учителем дополнительные примеры произношения. Пользуйтесь находящимся в приложении списком (стр. 140).

* in betonten Silben

1 Erste Kontakte: sich vorstellen

Die Reise von Ost nach West:
Herr Sliva kommt aus Opole.

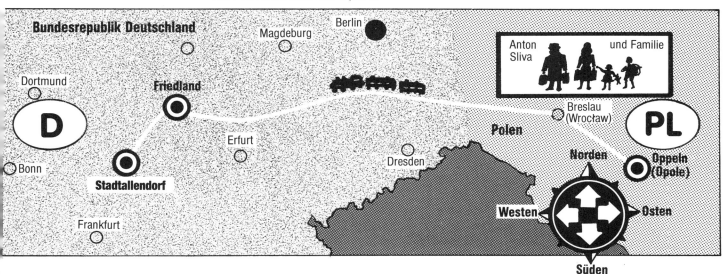

Station 1: Herr Sliva ist in Friedland

Die Adresse:

Anton Sliva
Durchgangslager
3408 Friedland

Anton Sliva
Posener Str. 28
3570 Stadtallendorf

Station 2: Herr Sliva ist in Stadtallendorf

Meine Adresse:

1 Berichten Sie:
Расскажите:

○ Woher kommt Herr Sliva?
○ Wie heißt der Ort auf deutsch?
○ Wo wohnt Herr Sliva jetzt?

● Er kommt aus ...
● Der Ort heißt ...
● Er wohnt in ...

GR S. 17; 18

das Wort	слово	Deutschland	Германия
das Wörterbuch	словарь	Wo? Woher? Wie?	Где? Откуда? Как?
der Name	фамилия	heißen	звать, называться, называть
der Vorname	имя	kommen	приходить, приезжать
die Adresse	адрес	wohnen	жить
die Straße	улица	sprechen	говорить
die Postleitzahl	почтовый индекс	auf deutsch	по-немецки
der Ort	местожительство	(der) Norden	север
Polen	Польша	(der) Süden	юг
Rußland	Россия	(der) Osten	восток
(die) Sowjetunion	Советский Союз	(der) Westen	запад

2 Welches Wort kennen Sie schon in deutsch?
Какое немецкое слово Вы уже знаете?

3 Berichten Sie weiter:
Продолжайте рассказывать.

○ Wie ist die Adresse von Herrn Sliva in Friedland? ● …

○ Wie heißt die Adresse jetzt? ● …

○ Und Sie? Wie heißen Sie? / Wie ist Ihr Name? ● Ich heiße … / Mein Name ist …

○ Wie schreibt man das? Buchstabieren Sie bitte! ● …

○ Woher kommen Sie? ● Ich komme aus …

○ Wie heißt der Ort auf deutsch? ● …

○ Wo wohnen Sie jetzt? ● Ich wohne in …

○ Sprechen Sie Deutsch? ● — Ja.
  \ Nein.
  \ Nur ein bißchen.

4 Aussprache: *Произношение:*

GR S. 18,3

[a:] **Na**me, Str**a**ße
[a] **A**dresse, **A**nton
[e:] verst**e**hen
[i:] buchstab**ie**ren, S**ie**, w**ie**
[i] **i**st, b**i**tte, n**i**cht
[o:] V**o**rname, w**o**, w**o**hnen, P**o**len
[ɔ] **O**rt, N**o**rden, **O**sten, k**o**mmen

[ü:] S**ü**den
[s] Adre**ss**e, hei**ß**en, au**s**, da**s**, **O**sten, Ru**ß**land, i**s**t
[z] **S**üden, **S**ie
[ç] i**ch**, ni**ch**t
[ʃ] deut**sch**, **s**prechen, **sch**reiben, ver**s**tehen, buch**s**tabieren

Im Unterricht:
На занятиях:

Sprechen Sie bitte!	Говорите, пожалуйста!	Wie bitte?	Простите, что Вы сказали
Schreiben Sie bitte!	Пишите, пожалуйста!	Ich verstehe nicht!	Я не понимаю!
Lesen Sie bitte!	Читайте, пожалуйста!	Noch einmal, bitte!	Еще раз, пожалуйста!
Hören Sie!	Слушайте!	Langsam bitte!	Медленнее, пожалуйста!
Fragen Sie!	Спрашивайте!	Buchstabieren Sie bitte!	Повторите, пожалуйста, по буквам.
Verstehen Sie?	Вы понимаете?		

2 Die Europäische Gemeinschaft und die Bundesrepublik Deutschland

Information

In Westeuropa entstand nach den leidvollen Erfahrungen des 2. Weltkrieges der Europagedanke, die Vorstellung von Europa als einer wirtschaftlichen, politischen und kulturellen Einheit.

Auf wirtschaftlichem Gebiet fanden schon bald 6 Staaten, unter anderem die Bundesrepublik Deutschland, zur Zusammenarbeit und gründeten 1957 die Europäische Gemeinschaft (EG). Heute besteht die EG schon aus 12 Mitgliedsstaaten.

Der wirtschaftlichen Zusammenarbeit folgten weitere Initiativen, die Westeuropa auf allen Ebenen immer näher zusammenbringen.

Es gibt viele Organe und Institutionen der Europäischen Gemeinschaft. Ein Organ, das Europäische Parlament, wird von 320 Millionen EG-Bürgern direkt gewählt.

Die europäische Zusammenarbeit wird immer weiter verstärkt. Der nächste Schritt ist 1992: die Verwirklichung des europäischen Binnenmarkts, d. h. die letzten Handelsschranken fallen, und jeder EG-Bürger kann in jedem EG-Land eine Arbeit aufnehmen.

Многострадальный опыт второй мировой войны навел Запад на мысль о создании Европы, как единого политического, экономического и культурного целого.

Уже вскоре 6 стран, к числу которых относилась Федеративная Республика Германия, объединились, чтобы сотрудничать друг с другом в области экономики и в 1957 году они образовали Европейское Сообщество (ЕС). Сегодня в состав ЕС уже входят 12 стран.

Наряду с экономическим сотрудничеством по сближению Европы проводится целый ряд мероприятий и в других областях.

Существует много организаций и учреждений Европейского Сообщества. Одним из них является Европейский парламент. Он непосредственно избирается 320 миллионами граждан стран-членов ЕС.

Европейское сотрудничество все больше и больше укрепляется. Следующий важный шаг будет сделан в 1992 году: осуществление идеи о внутреннем рынке, это значит: будут устранены все таможенные и торговые барьеры и каждый гражданин Европейского Сообщества будет иметь право на получение работы в любой стране этого сообщества.

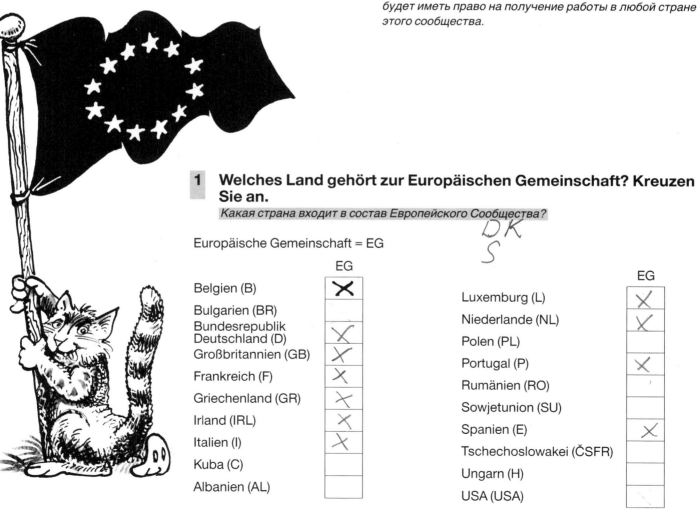

1 Welches Land gehört zur Europäischen Gemeinschaft? Kreuzen Sie an.
Какая страна входит в состав Европейского Сообщества?

Europäische Gemeinschaft = EG

DK
S

	EG			EG
Belgien (B)	X	Luxemburg (L)		X
Bulgarien (BR)		Niederlande (NL)		X
Bundesrepublik Deutschland (D)	X	Polen (PL)		
Großbritannien (GB)	X	Portugal (P)		X
Frankreich (F)	X	Rumänien (RO)		
Griechenland (GR)	X	Sowjetunion (SU)		
Irland (IRL)	X	Spanien (E)		X
Italien (I)	X	Tschechoslowakei (ČSFR)		
Kuba (C)		Ungarn (H)		
Albanien (AL)		USA (USA)		

2 Welche Länder gehören nicht zu Europa?
Какие страны не относятся к Европе?

3 **Wo sind die EG-Länder?
Schreiben Sie die Namen in die Karte.**
Sie können auch die anderen Ländernamen eintragen – in anderer Farbe.
*Где находятся страны, входящие в состав ЕС?
Нанесите названия этих стран на карту.
Вы можете обозначить другим цветом названия других стран.*

Europa heute

4 Wo man sich trifft

Где можно встретиться

Familie Gruscha wohnt in Langendorf. Es ist Sonntag. Herr und Frau Gruscha gehen zur Kirche. Sie treffen vor der Kirche Herrn Meister. Herr Meister ist Bürgermeister. Dann kommt der Pfarrer. Er begrüßt die Gruschas und sagt „Herzlich willkommen!"
Die Gruschas wohnen Ringstraße 17, 1. Stock.
Der Pfarrer will sie bald besuchen.

Семья Грушевых живет в Лангендорфе. Воскресенье. Господин Груша и госпожа Груша идут в церковь. У церкви они встречают господина Мейстера. Он бургомистр. Потом приходит священник. Он приветствует Грушевых и говорит: „Добро пожаловать!" Грушевы живут на улице Рингштрассе 17, на первом этаже.

Священник хочет их скоро навестить.

○ ○ Guten Morgen, Herr Meister.
  ● Guten Morgen, Frau Gruscha; Morgen, Herr Gruscha. Wie geht es Ihnen?
○ ○ Danke, gut, und Ihnen?
  ● Auch gut, danke.
▲ Ah, guten Morgen, Herr Meister.
  ● Guten Morgen, Herr Pfarrer! Hier sind Freunde, Familie Gruscha. Sie sind aus Polen.
▲ Freut mich sehr! Herzlich willkommen! Sprechen Sie Deutsch?
  ○ Wir verstehen gut und sprechen ein bißchen!
▲ Wohnen Sie hier?
  ○ Ja, Ringstraße 17, 1. Stock.
▲ Ah ja, ich besuche Sie bald.
  ○ Sie sind herzlich willkommen!
▲ Also dann, bis bald! Auf Wiedersehen!

⚠ Deutsch sprechen – говорить по-немецки

> GR S. 18, 2+3; 19

1 Fragen zum Text:
Вопросы к тексту:

Antworten Sie bitte:
Ответьте, пожалуйста, на вопросы:

Der Pfarrer begrüßt die Familie Gruscha. Was sagt er?

Wo wohnt Familie Gruscha?

Versteht Herr Gruscha gut Deutsch?

Spricht Frau Gruscha gut Deutsch?

_____
_____
_____
_____
_____
_____

2 Erst miteinander besprechen und dann spielen:
Сначала обсудите друг с другом, а потом разыграйте данную ситуацию:

A Spielen Sie: Vor der Kirche. Die Lehrerin/der Lehrer spielt den Pfarrer.
Sie sind Frau Gruscha, Herr Gruscha und Herr Meister.

*Разыграйте диалог: Перед церковью.
Учительница/учитель играет роль священника.
Вы госпожа Груша, господин Груша и господин Мейстер.*

B Herr Meister, Herr Gruscha und ein Freund von Herrn Meister. Er kennt Herrn Gruscha noch nicht. Spielen Sie auch dieses Gespräch.

*Господин Мейстер, господин Груша и один из друзей господина Мейстера. Он еще не знаком с господином Грушей.
Разыграйте этот разговор.*

5 Marek und Marko spielen Fußball.

Marek wohnt in Windsberg. In Windsberg heißt der Fußballclub FC 07. Marek spielt hier Fußball. Marek ist 16. Sein Cousin Marko ist noch nicht lange in der Bundesrepublik. Er spielt gut Fußball. Er ist Mittelstürmer. Marek sagt zu Marko: „Komm mit! Wir haben heute Training!"

Марек живет в Виндсберге. Футбольный клуб в Виндсберге называется ФЦ 07. Здесь Марек играет в футбол. Ему 16 лет. Его двоюродный брат Марко недавно переехал в Германию. Он хорошо играет в футбол. Он центральный нападающий. Марек обращается к Марко: „Пойдем со мной! У нас сегодня тренировка!"

1 Hören Sie das folgende Gespräch zuerst ohne Buch. Sehen Sie sich dazu die Fotoleiste an. Versuchen Sie dann, die folgenden Fragen zu beantworten.
Сначала прослушайте следующий диалог не пользуясь книгой. Просмотрите картинки. Потом попытайтесь ответить на следующие вопросы.

Fragen zum Text:
Вопросы к тексту:

1. Spielt Marek Fußball?
2. Spielt Marko auch Fußball?
3. Ist Marek 15 Jahre alt?
4. Wie alt ist Marko?
5. Wie heißt der Trainer?
6. Spricht Marek Polnisch?

Schreiben Sie:
Пишите:

Ja.
Ja
nail
15

2 Hören Sie das Gespräch noch einmal und lesen Sie mit.
Прослушайте диалог еще раз, пользуясь книгой.

GR S. 18; 19

Der Trainer kommt. Er heißt Werner Richter.
Приходит тренер. Его зовут Вернер Рихтер.

△ Hallo Jungs!
Na, Marek, wie geht's? – Und wer ist das?
● Das ist mein Cousin Marko.
Er kommt auch aus Polen. Er spielt sehr gut Fußball.
△ Spricht er Deutsch?
● Nur ein bißchen.
△ O.K. – Wie alt bist du, Marko?
▲ Äh, fünf Jahre.
△ Fünf Jahre??
▲ Fünf und zehn Jahre.
△ Aha: Fünfzehn.

Nach dem Training:
После тренировки:

△ Hör mal, dein Cousin spielt sehr gut Fußball. –
Sag mal, sprichst du Polnisch?
● Ein bißchen.
△ Bitte sage Marko auf polnisch:
„Du spielst sehr gut Fußball. Du spielst hier Mittelstürmer."
● Marko! Der Trainer sagt:
„Ty bardzo dobrze grasz w piłkę nożną.
Grasz tu w roli środkowego napastnika".

Marek und Marko gehen nach Hause. Marko ist sehr froh!
Марек и Марко идут домой. Марко очень рад!

Info
In jedem Ort gibt es Sportvereine, bei denen man Mitglied werden kann. Das kostet nicht viel. Welche Sportvereine gibt es in Ihrem Ort?

В любом населенном пункте есть спортивные общества, членом которых можно стать. Это стоит не очень дорого. Какие спортивные общества находятся в вашем местожительстве?

Grammatik

Konjugation
Спряжение глаголов

			wohnen	kommen	antworten	sprechen
Singular *Единственное число*						
1. Pers.	1. лицо	ich	wohn e	komm e	antwort e	sprech e
2. Pers.	2. лицо	du	wohn st	komm st	antwort est	sprich st
		Sie	wohn en	komm en	antwort en	sprech en
3. Pers.	3. лицо	er, sie, es	wohn t	komm t	antwort et	sprich t
Plural *Множественное число*						
1. Pers.	1. лицо	wir	wohn en	komm en	antwort en	sprech en
2. Pers.	2. лицо	ihr	wohn t	komm t	antwort et	sprech t
3. Pers.	3. лицо	sie	wohn en	komm en	antwort en	sprech en

↑ ↑ ↑ ↑
Der Verbstamm bleibt immer gleich.
Глагольная основа не изменяется.

Der Verbstamm ändert sich in der 2. + 3. Person, Sing.
Глагольная основа изменяется во 2-ом и в 3-ем лицах единственного числа.

Ü1 Setzen Sie die Verben „lernen", „kommen", „wohnen", „sprechen" in der entsprechenden Form ein.
Вставьте в предложения один из следующих глаголов lernen, kommen, wohnen, heißen в нужной форме.

1. Er __wohnt__ in Bonn.
2. Sie _____ aus Dänemark.
3. Ich _____ Deutsch.
4. Sie _____ aus der Sowjetunion.
5. Wir _____ in Düsseldorf.
6. Er _____ Polnisch.
7. Sie _____ Italienisch.
8. Wir _____ Ungarisch.

Ü2 Ergänzen und antworten Sie.
Дополните и ответьте!

1. Wie heiß __en__ Sie? – Ich __heiße...__
2. Wie heiß_____ der Ort auf deutsch? – Opole _____
3. Woher komm_____ ihr? – Wir _____
4. Sprich_____ er Französisch? – Er _____
5. Woher komm_____ Sie? – Wir _____
6. Wohn_____ du in Wuppertal? – Ich _____
7. Sprech_____ ihr Russisch? – Wir _____
8. Lern_____ Sie Deutsch? – Ich _____

rammatik

2 Die Kardinalzahlen
Количественные числительные

0 null	6 sechs	11 elf	16 sechzehn	21 einundzwanzig	60 sechzig
1 eins	7 sieben	12 zwölf	17 siebzehn	22 zweiundzwanzig	70 siebzig
2 zwei	8 acht	13 dreizehn	18 achtzehn	30 dreißig	80 achtzig
3 drei	9 neun	14 vierzehn	19 neunzehn	40 vierzig	90 neunzig
4 vier	10 zehn	15 fünfzehn	20 zwanzig	50 fünfzig	100 hundert
5 fünf					

Ü3 Aussprache
Произношение

[a] **a**cht [i:] v**ie**r,
[ai] **ei**ns, zw**ei**   s**ie**ben
[e:] z**eh**n [œ] zw**ö**lf
[ɛ] s**e**chs [ɔi] n**eu**n
  [u] h**u**ndert

3 Aussagesatz – Satzfrage – Wortfrage
Повествовательное предложение – вопрос, начинающийся глаголом – вопрос, начинающийся с вопросительного слова

	Subjekt *Подлежащее*	Prädikat (Verb) *Сказуемое*	Objekt (Ergänzung) *Дополнение*
Aussagesatz	Ich Das Kind Frau Meier	komme spricht wohnt	aus Polen. Deutsch und Polnisch. in Stadtallendorf.

	Fragewort *Вопросительное слово*	Prädikat *Сказуемое*	Subjekt *Подлежащее*
Wortfrage	Woher Wie Wo Wer	kommst heißen wohnt ist	du? Sie? Familie K.? das?

	Prädikat *Сказуемое*	Subjekt *Подлежащее*	Objekt *Дополнение*
Satzfrage	Sprechen Hat Heißen	Sie Familie K. Sie	Deutsch? Kinder? Miller?

Satzfrage

In den Satzfragen tritt eine Inversion auf (Veränderung der Wortfolge S/P → P/S).

Вопрос, начинающийся глаголом
В вопросах, начинающихся глаголом происходит инверсия (изменение порядка слов п/с → с/п).

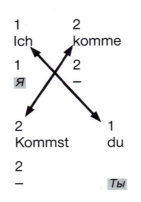

Wortfrage

Die Sätze dieses Typs werden wie im Polnischen und Russischen mit Hilfe von Fragewörtern wie z. B. „woher", „wie", „wo" usw. gebildet.

In diesen Sätzen ist folgende Wortfolge obligatorisch:
Fragewort, Prädikat, Subjekt.

Вопрос, начинающийся с вопросительного слова
Предложения этого типа образовываются как и в русском языке с помощью вопросительных слов напр.: откуда, как, где и т.д.

В таких предложениях обязателен следующий порядок слов: вопросительное слово, сказуемое, подлежащее.

1	2	3
Woher	kommst	du?
Откуда		ты?

1	2	3
Wo	wohnen	Sie?
Где	Вы	живёте?

Bilden Sie Fragesätze!
Образуйте вопросительные предложения!

1. Holland, aus, kommt, ihr
2. hat, Familie, Keller, wie viele, Kinder
3. alt, ist, er, wie
4. Russisch, sprechen, Sie
5. Viktor, heißen, Sie
6. er, in, wo, Berlin, wohnt
7. kommt, woher, Herr Sliva
8. wohnt, Familie Sliva, wo, Stadtallendorf, in

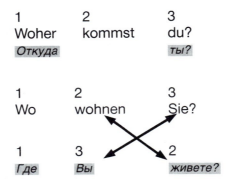

Kommt ihr aus Holland?
Wo

1 Berufe

	der Beruf	профессия	*1* der Kraftfahrer	шофёр
5	die Sekretärin	секретарша	*8* der Arbeiter	рабочий
	die Technikerin	техник	der Elektriker	электромонтёр
6	die Krankenschwester	медсестра	*7* der Buchhalter	бухгалтер
2	die Lehrerin	учительница	*3* der Maurer	каменщик
	der Lehrer	учитель	Was?	Что?

1 Welche Wörter kennen Sie?
Какие слова Вы знаете?

GR S. 25, 1

2 Was ist Nr. 1 von Beruf? Und Nr. ...?

3 Andere interessante Berufe: Wie ist ihre deutsche Bezeichnung?
Другие интересные профессии: Как они называются по-немецки?

4 Was sind Sie von Beruf?
Кто Вы по профессии?

5 Intonation
интонация

Téchniker, Árbeiter, Búchhalter, Kráftfahrer, Kránkenschwester, Schlósser, Máurer, KFŹ-Mechaniker-, Eléktriker, Sekretärin, Ingenieúr

6 Übersetzen Sie und tragen Sie ein!
Переведите и впишите!

Lösung:
разгадка:

1. алиби
2. хирург
3. юмор
4. календарь
5. агент
6. лаборатория
7. кандидат
8. медицина
9. идол
10. операция
11. автор
12. никотин
13. печать
14. хор
15. шанс

1. ALIBI
2. Chirurg
3. Humor
4. Kalender
5. Agent
6. Laboratorium
7. Kandidat
8. Medizin
9.
10. Operation
11. Autor
12.
13. Prnt
14. Chor
15. Chance

2 Wer? Woher? Wo? Wie alt? Was von Beruf? Wie viele Kinder?

1 Berichten Sie:
Расскажите:

GR S. 25, 1, 2 + 3

Lydia Hurek
Polen
Piła (Schneidemühl)

Backnang/Württemberg

23 Jahre
ledig
keine Kinder
Krankenschwester

Sie heißt Lydia Hurek.
Sie kommt aus Polen,
aus Piła, das heißt auf deutsch
Schneidemühl.
Sie wohnt jetzt in Backnang.
Das ist in Württemberg.
Sie ist 23 Jahre alt.
Sie ist ledig.
Sie hat keine Kinder.
Sie ist Krankenschwester.

2

Ewald Lupp
Sowjetunion
Tallin (Reval)/Estland
Essen/Nordrhein-Westfalen
28 Jahre
verheiratet
1 Kind
Kraftfahrer

Er heißt…
Er kommt aus der…,
aus…
Er wohnt… Das ist in…
Er ist…
Er ist…
Er…
Er…

3

Familie Karron
Gdańsk (Danzig)/Polen
Ingolstadt/Bayern
Nelly Karron, 45, Sekretärin
Paul Karron, 47, Techniker
Kinder: Krystina, 17; Jan, 18

Das ist…
Sie kommen aus…
Sie wohnen jetzt in…
Frau Karron ist…
Herr Karron ist…
Sie haben… Krystina ist… Jan ist…

4 Und Sie?

Name: _____
Ort/Land: _____
Wo in der Bundesrepublik: _____
_____
Familienstand: _____
Beruf: _____
Alter: _____

die Familie	семья
der Vater	отец
die Mutter	мать
das Kind	ребенок
die Tochter	дочь
der Sohn	сын
ledig	холостой/незамужняя
verheiratet	женатый/замужняя
Familienstand	семейное положение

⚠ Altersangabe:
Указание возраста:

Wie alt <u>ist</u> sie?
Sie <u>ist</u> 20 Jahre alt.

*Сколько ей лет?
Ей 20 лет.*

5 Sprechen Sie mit Ihrem Nachbarn/Ihrer Nachbarin:
Говорите с Вашим соседом/Вашей соседкой:

○ Ich heiße… Und Sie? ● …
○ Ich komme aus… Und Sie? ● …
○ Ich wohne in… Und Sie? ● …
○ Ich bin… Und was sind Sie? ● …

○ Ich bin… Jahre alt. Und Sie? ● …
○ Sprechen Sie Deutsch?
　● — Nein, ich spreche nur…
　＼ Ja.

3 In der Diskothek

Krystina ist siebzehn. Ihr Bruder Jan ist achtzehn. Sie sind heute in einer Diskothek. Jan tanzt. Krystina schaut ihm zu. René kommt und spricht Krystina an: „Hallo! Wie heißt du?" Dann ist es 11 Uhr. Jan ruft Krystina. Sie gehen nach Hause.

Кристине семнадцать лет. Ее брату Яну восемнадцать лет. Сегодня они в дискотеке. Ян танцует. Кристина смотрит, как он танцует. Рене подходит к ней и говорит: „Привет! Как тебя зовут?" Уже 11 часов. Ян зовет Кристину. Они идут домой.

1 Sehen Sie die Bilder an und hören Sie das Gespräch. Kreuzen Sie dann an:
Смотрите на рисунок и слушайте диалог. Пометьте потом крестиком:

Was ist richtig? Was ist falsch?
Что правильно? Что неправильно?

	richtig	falsch
1. Krystina ist 17 Jahre alt.	X	
2. Jan ist auch 17 Jahre alt.		
3. Sie sind in einer Diskothek.		
4. Krystina tanzt.		X
5. Es ist 12 Uhr.		
6. Sie gehen nicht nach Hause.		
7. René ist aus Polen.		X
8. René ist Student.		
9. Krystina ist auch Studentin.		X

2 Hören Sie noch einmal und lesen Sie dabei:
Прослушайте разговор еще раз, читая его при этом про себя:

○ Hallo!
● Hallo!
○ Wie heißt du?
● Ich? Krystina. Und du?
○ René.
● Wie??
○ René. R - E - N - E.
● Bist du von hier?
○ Nein, aus Frankreich.
● Ich bin aus Polen. –
Dort ist mein Bruder, Jan.
○ Wohnst du hier?
● Ja. Und du?

○ Ich bin Student. Und du?
● Ich bin Schülerin.

Jan ruft.
Ян зовет.
△ Krystina!
● Ja, was ist, Jan?
△ Komm, wir gehen nach Hause. Kommst du jetzt?
● Ja, ich komme schon. Also, tschüß, René.
○ Tschüß, Krystina. Bis bald!

3 Erst miteinander besprechen und dann spielen.
Сначала обсудите друг с другом, а потом разыграйте данную ситуацию.

Krystina geht nicht nach Hause! Sie bleibt bis 12 Uhr und tanzt mit René. Jan ist böse. Was sagt Krystina? Was sagt Jan? Was sagt René?

Кристина домой не идет!!! Она остается до 12 часов ночи и танцует с Рене. Ян рассержен. Что говорит Кристина? Что говорит Ян? Что говорит Рене?

4 Nicht alle Leute sind so freundlich!

Herr Holl lernt seit zwei Wochen Deutsch. Er sitzt oft im Park und lernt Texte auswendig. Heute übt er das Gespräch zwischen dem Pfarrer und Familie Gruscha. Ein älterer Herr kommt und setzt sich zu ihm auf die Parkbank. Herr Holl wiederholt das Gespräch aus dem Buch noch einmal…

Господин Холь две недели учится немецкому языку. Он часто сидит в парке и учит тексты наизусть. Сегодня он учит разговор между священником и семьей господина Груши. К скамейке подходит пожилой господин и подсаживается к нему. Господин Холь еще раз повторяет разговор из книги.

○ Guten Morgen.
● Guten Morgen.
○ Wie geht es Ihnen?
● Äh…, danke, gut.
○ Auch gut, danke, guten Morgen, Herr Pfarrer.
● Wie? Ich heiße Elstner, nicht Pfarrer.
○ Ah, guten Morgen, Herr Meister.
● Elstner, Emil Elstner, nicht Meister.
○ Hier sind Freunde, Familie Gruscha.
● Wer? Ich verstehe nicht…
○ Sie sind aus Polen.
● Ich? Nein, ich bin aus Bonn…
○ Freut mich sehr! Herzlich willkommen!
● Wie bitte??

○ Sprechen Sie Deutsch?
● Ich?? Na, hören Sie mal…
○ Wir verstehen gut und sprechen ein bißchen!
● Also, so was!
○ Wohnen Sie hier?
● Sagen Sie mal…
○ Ringstraße 17, 1. Stock.
● Ringstraße??
○ Ja, ich besuche Sie bald!
● Was?? Sie besuchen mich??
○ Sie sind herzlich willkommen!
● Hören Sie mal: Sind Sie krank??
○ Ich? Nein, ich lerne Deutsch. Hier ist das Buch.
● Ach so, Sie lernen den Text auswendig.

Information

Der ältere Herr reagiert eigentlich sehr behutsam auf dieses Mißverständnis, finden Sie nicht? Nicht alle Deutschen sind im Umgang mit Leuten, die sie nicht kennen und die sie für „Ausländer" halten, so freundlich. Es kann Ihnen passieren, daß man Sie nicht versteht und „dumm anredet".
Ob man Sie in Deutschland als Landsleute akzeptiert, hängt sehr davon ab, wie gut Sie Deutsch verstehen und wie korrekt Sie Deutsch sprechen.
Herr Holl wird sicher bald ein „richtiges" Gespräch führen können, wenn er so eifrig weiterlernt.

Вам не кажется, что пожилой господин очень осмотрительно реагирует на это недоразумение? Не все немцы так приветливо обращаются с людьми, которых они не знают и которых они считают „иностранцами". Вполне возможно, что Вас не поймут и выругают.
Признают ли Вас в Германии своим человеком или нет очень зависит от того, насколько хорошо и правильно Вы понимаете и говорите по-немецки.
Если господин Холь и в дальнейшем будет продолжать так упорно учиться, то он несомненно уже в скором будущем сможет вести „настоящий" разговор.

1 Erst miteinander besprechen und dann spielen.
Сначала обсудите друг с другом, а потом разыграйте данную ситуацию:

Sie sitzen auf einer Parkbank. Ein älterer Herr kommt und setzt sich zu Ihnen. Spielen Sie das Gespräch mit ihm.
Was wollen Sie sagen?
Was wollen Sie wissen?
Ihr Lehrer/Ihre Lehrerin hilft Ihnen dabei.

Вы сидите в парке на скамейке. Приходит пожилой господин и подсаживается к Вам. Разыграйте диалог.
Что Вы хотите сказать?
Что Вы хотите узнать?
Ваш учитель/Ваша учительница Вам поможет при этом.

Grammatik

maskulinum мужской род	femininum женский род	maskulinum мужской род	femininum женский род
Pole	Pol- in	Elektriker	Elektriker- in
Russe	Russ- in	Lehrer	Lehrer- in
Rumäne	Rumän- in	Kraftfahrer	Kraftfahrer- in
Nachbar	Nachbar- in	Buchhalter	Buchhalter- in
Freund	Freund- in	Sekretär	Sekretär- in
Student	Student- in	Techniker	Techniker- in

Ü1 Suchen Sie weitere Berufsbezeichnungen für Männer und Frauen. Machen Sie zwei Listen!

Найдите другие названия профессий для мужчин и женщин. Составьте два списка.

2 Substantiv → Adjektiv существительное → прилагательное

GR S. 37,4

(der) Pole
(die) Polin → poln- isch

(der) Russe
(die) Russin → russ- isch

(der) Rumäne
(die) Rumänin → rumän- isch

Ausnahme: ⚠ исключение:
(der) Deutsche
(die) Deutsche → deutsch

3 Konjugation: sein – haben спряжение глаголов

Singular
единственное число

1. ich
2. du
   Sie
3. er, sie, es

| bin |
| bist |
| sind |
| ist |

Im Russischen gibt es im Präsens für „haben" die unkonjugierte Form *есть** und für konkrete Besitzanzeigen das Verb *иметь*; für „sein" gibt es keine Form.

В отличие от русского языка глагол „sein" в немецком языке еще выражается в форме спряжений во всех лицах настоящего времени. Вспомогательный глагол „haben" спрягается тоже.

habe	у меня есть
hast	у тебя есть
haben	у Вас есть
hat	у него/неё есть

Plural
множественное число

1. wir
2. ihr
   Sie
3. sie

| sind |
| seid |
| sind |
| sind |

haben	у нас есть
habt	у вас есть
haben	у них есть
haben	

Das Verb tritt im Deutschen immer, wenn nicht mit einem Substantiv, dann mit einem Personalpronomen auf.

В немецком языке глагол всегда употребляется или с именем существительным или с личным местоимением.

| Ich | bin | Elektriker. | | Ich | habe | ein Kind. |
| Я | – | электрик. | | У меня | есть | один ребенок. |

* (Die russische Konstruktion heißt: „Bei mir ist...")

1 Wo man andere Leute trifft:

1 Wo man andere Leute trifft: Wie heißen diese Treffpunkte auf deutsch? Schreiben Sie.
Где можно встретиться с другими людьми: Как называются эти места встреч по-немецки? Напишите.

2 Welche Wörter hier kennen Sie schon auf deutsch?

das	Café	кафе	
der	Deutschkurs	курс немецкого языка	
die	Diskothek	дискотека	
___	Gaststätte	столовая	
___	Jugendclub	молодежный клуб	
das	Kino	кинотеатр	
der	Kiosk	киоск	
die	Kirche	церковь	
die	Kneipe	пивная	
der	Park	парк	

das	Restaurant	ресторан
das	Schwimmbad	плавательный бассейн
die	Sporthalle	спортивный зал
der	Sportplatz	спортивная площадка
die	Sprachschule	школа иностранных языков
das	Stadion	стадион
das	Tanzlokal	танцевальное кафе
das	Theater	театр
der	Verein	общество
die	Volkshochschule (VHS)	народный университет

> **Sport** *m* спорт; **~ler (in** *f*) *m* спортсмéн (ка); **~platz** *m* спортúвная площáдка, стадиóн;
>
> **Schwimmbad** *n* купáльня
>
> **Oper** *f* опера

3 Suchen Sie den bestimmten Artikel zu jedem Wort.
Benutzen Sie das Wörterbuch und ergänzen Sie die Liste unter 2.
Подберите к каждому слову определенный артикль.
Пользуясь словарем дополните список под п.2

m: maskulinum ⟶ <u>der</u> Sportplatz

n: neutrum ⟶ <u>das</u> Schwimmbad

f: femininum ⟶ <u>die</u> Oper

4 Aussprache GR S. 36, 1

[aː] Stadion, Lokal, Theater, Schwimmbad
[a] Park, Tanz, Gaststätte
[ã:] Restaurant
[ɛ] Gaststätte
[ai] Kneipe, Verein
[iː] Kino, Bier, wir
[oː] Oper, Polen

[o] Kino, Lokal
[ɔ] Kiosk, Stadion
[uː] Schule, Jugend
[u] Kurs, Club
[ʃ] Sport, Stadion, Schwimmbad, Schule
[t] Theater, Tanz, Diskothek
[k] Café, Kurs, Club, Cafeteria, Kiosk

5 Intonation

Déutschkurs, Gásthaus, Júgendclub, Spórthalle, Schwímmbad, Tánzlokal, Vólkshochschule

Diskothék, Lokál, Restaveánt, Café, Cafeteríca, Theáter

6 Was ist das?

○ Was ist das?
● / Ein Schwimmbad.
\ Das ist ein Schwimmbad.
○ Und was ist Nr. 9?
● Das ist ein Café.
○ Nein, das ist doch eine Disko.
○ Und Nummer 3, ist das ein Restaurant?
● Nein, das ist kein Restaurant, das ist ein Kiosk.

GR S. 36, 1

2 Probleme im Deutschkurs

Der Deutschkurs: Herr Berger ist der Lehrer. Herr Holl fragt:

○ Herr Berger, was ist „Disko"?
Ich verstehe das Wort „Disko" nicht.
● Nehmen Sie das Wörterbuch!

Herr Holl sucht im Wörterbuch.
Господин Холь ищет слово в словаре.

○ Entschuldigung, Herr Berger, „Disko" ist nicht im Wörterbuch.
● „Disko" – das ist ein Tanzlokal. Suchen Sie „Tanzlokal" im Wörterbuch.

Herr Holl sucht im Wörterbuch. (Sein Wörterbuch ist sehr klein.)
Господин Холь ищет слово в словаре. (Его словарь очень маленький).

○ „Tanzlokal" – das Wort ist nicht im Wörterbuch!
● Dann: „Tanzclub".

Herr Holl sucht im Wörterbuch.

○ „Tanzclub" – das Wort ist auch nicht im Wörterbuch!
● Suchen Sie „Tanz-Café".

Herr Holl sucht im Wörterbuch.

○ „Tanz-Cafe" ist auch nicht da!

Herr Berger nimmt das Wörterbuch und sucht Wörter:
Господин Бергер берет словарь и ищет в нем слова:

● Das ist ganz einfach: „Tanz" ist „taniec", „Lokal" ist „gospoda",
„Schallplatte" heißt „płyta gramofonowa",
„Diskothek" heißt auf polnisch „gospoda a taniec a płyta gramofonowa". Verstehen Sie jetzt?
○ Aha, Sie meinen: „Diskothek"? Das heißt „dyskoteka".
Herr Berger ...
● Ja, was ist?
○ Sie sprechen sehr gut Polnisch.
● Danke!
○ Und Sie sind ein prima Lehrer!
● Serdecznie dziękuję!

1 Was gehört zusammen?
Что относится к чему?

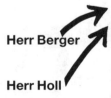

Herr Berger   ist der Lehrer.
sucht im Wörterbuch.
ist ein prima Lehrer.
versteht das Wort „Disko" nicht.
sagt „Herzlichen Dank!" auf polnisch.
Herr Holl   findet kein Wort im Wörterbuch.
spricht nicht gut Polnisch!

2 Erst miteinander besprechen und dann spielen
Сначала обсудите друг с другом, а потом разыграйте данную ситуацию.

Sie lernen Deutsch – Ihre Lehrerin/Ihr Lehrer lernt Polnisch/Russisch!
Sie sind der Polnisch/Russisch-Lehrer.
Sie sprechen einige Sätze in Polnisch/Russisch.
Sie sagen dann: „Bitte korrekt sprechen!" – „Bitte langsam!" –
„Noch einmal, bitte!" – „Nicht gut!" – „Sehr gut!", usw.

3 Die Bundesrepublik heute:

Länder, Städte, Hauptstädte, Flüsse, Autokennzeichen, Entfernungen

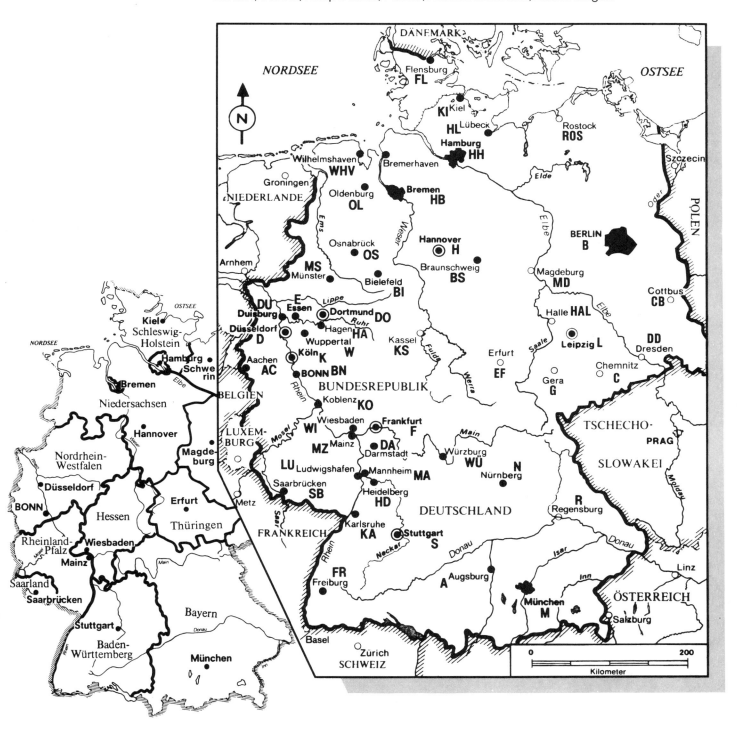

die Landkarte	географическая карта	welcher? welche? welches?	какой? какая? какое?
das Bundesland	земля	der Fluß	река
das Nachbarland	соседняя страна	das Autokennzeichen	номерной знак машины
die Stadt	город	die Entfernung	расстояние
die Hauptstadt	столица	der Kilometer	километр
die Fläche	площадь	der Quadratkilometer	квадратный километр
der Einwohner	житель	Wie weit?	Сколько километров от ... до ...?

29

1 Suchen Sie auf der Landkarte:

das Bundesland	die Hauptstadt	andere Städte
Baden-Württemberg	Stuttgart	Heidelberg

Nachbarländer der Bundesrepublik	der Fluß → Städte	Autokennzeichen
Frankreich	Neckar Stuttgart	FR = Freiburg

2 Entfernungen

○ Wie weit ist es von München nach Erfurt?
● München–Erfurt: Das sind 341 km. Man braucht … Stunden.
   Wie weit …?

Kilometer / Fahrzeiten	Aachen	Augsburg	Berlin	Bremen	Cottbus	Dresden	Erfurt	Frankfurt/Main	Frankfurt/Oder	Freiburg i. B.	Hamburg	Hannover	Kassel	Kiel	Köln	Leipzig	Magdeburg	Mannheim	München	Münster	Neubrandenburg	Nürnberg	Regensburg	Rostock	Schwerin	Stuttgart	Ulm	Würzburg	Kilometer
Aachen		593	633	378	742	650	458	259	721	505	488	353	309	581	70	571	494	285	648	211	777	475	573	700	593	446	523	369	Aachen
Augsburg	6:00		586	755	564	472	505	364	674	354	784	641	486	877	523	429	726	289	68	660	899	169	140	816	899	162	81	277	Augsburg
Berlin	6:20	5:50		412	126	180	307	555	91	819	294	282	378	373	569	187	152	631	584	466	148	437	514	220	211	634	596	512	Berlin
Bremen	3:45	7:35	4:10		538	550	460	466	500	730	119	125	278	212	312	367	256	542	753	171	392	580	676	331	234	640	660	483	Bremen
Cottbus	8:30	7:15	1:20	5:30		92	312	576	95	777	420	408	469	499	659	207	223	650	553	746	282	397	484	356	330	606	586	478	Cottbus
Dresden	7:00	5:45	1:50	5:55	1:30		234	484	276	685	491	435	377	568	567	115	331	558	461	620	339	305	392	410	391	494	386	Dresden
Erfurt	4:35	5:15	3:10	5:45	3:50	2:25		278	378	535	489	346	182	582	398	163	249	362	341	386	448	279	363	489	474	430	440	277	Erfurt
Frankfurt/Main	2:35	3:40	5:30	4:40	6:50	5:20	2:55		643	276	495	352	193	588	189	405	433	86	400	326	685	228	307	610	217	294	116	Frankfurt/Main
Frankfurt/Oder	7:20	6:50	0:55	5:00	1:35	2:50	4:00	6:30		907	393	381	377	474	668	286	220	701	654	537	246	507	602	308	306	704	666	582	Frankfurt/Oder
Freiburg i. B.	5:00	3:10	8:10	7:20	9:00	7:30	5:45	2:45	9:05		759	616	457	852	435	642	679	201	412	572	819	391	474	870	277	382	318	Freiburg i. B.
Hamburg	4:50	7:50	3:00	1:10	4:30	5:20	5:05	5:00	3:45	7:35		154	307	93	422	427	295	571	782	271	279	690	698	212	115	668	749	512	Hamburg
Hannover	3:50	6:25	2:50	1:15	4:10	4:45	3:40	3:30	3:35	6:10	1:30		164	247	287	252	131	428	639	184	412	466	564	366	269	526	617	369	Hannover
Kassel	3:05	4:50	3:45	2:45	5:35	4:05	2:00	1:55	4:40	4:35	3:05	1:40		400	243	278	240	265	482	204	508	309	404	519	422	365	465	209	Kassel
Kiel	5:50	8:45	3:45	1:05	5:25	6:25	6:00	5:55	4:40	8:30	0:55	2:30	4:00		515	504	388	664	875	364	289	702	765	190	146	736	817	605	Kiel
Köln	0:45	5:15	5:40	3:10	5:05	6:25	6:00	1:55	6:35	4:20	4:10	2:50	2:25	5:10		488	428	247	578	150	699	405	503	634	537	367	453	300	Köln
Leipzig	6:10	4:40	1:55	4:40	2:55	1:25	1:40	4:25	2:50	6:40	4:40	3:25	3:40	5:45	5:25		83	479	418	437	301	262	349	375	398	471	451	343	Leipzig
Magdeburg	5:25	7:20	1:45	2:40	2:20	3:30	3:05	4:25	2:35	7:05	3:05	1:25	2:10	4:15	4:10	1:30		505	501	325	255	345	398	316	303	606	705	449	Magdeburg
Mannheim	2:50	2:55	6:20	5:25	7:40	6:10	3:50	0:55	7:10	2:00	5:45	4:15	2:40	6:40	2:30	5:15	5:10		347	384	761	240	324	783	686	130	219	172	Mannheim
München	6:30	0:40	5:50	7:30	6:50	5:20	4:40	4:00	6:40	4:10	7:50	6:25	4:50	8:45	5:45	4:25	5:55	3:30		688	714	167	120	814	795	220	139	281	München
Münster	2:10	6:35	4:40	1:45	6:40	6:10	4:00	4:15	5:30	5:45	2:45	1:50	2:00	3:40	1:30	5:20	3:25	3:50	6:55		596	506	610	483	366	590	405	Münster
Neubrandenburg	8:20	7:50	2:05	4:35	3:20	3:45	5:25	7:30	2:55	8:10	3:00	4:45	4:45	7:40	3:45	3:20	8:20	7:50	6:40		567	644	93	206	764	726	642	Neubrandenburg
Nürnberg	4:45	2:10	4:50	5:15	4:35	3:50	2:15	2:10	3:55	4:00	4:05	3:00	4:05	7:00	4:05	2:50	4:25	2:25	1:40	5:05	6:20		104	667	648	207	207	108	Nürnberg
Regensburg	5:45	1:30	5:10	6:45	4:10	3:45	3:15	6:00	4:45	7:00	5:00	7:40	5:00	7:10	5:00	3:45	5:20	3:15	1:10	6:10	7:10	1:00		744	725	291	208	207	Regensburg
Rostock	7:50	8:10	2:10	3:40	4:10	5:10	3:00	5:15	3:00	4:30	1:15	3:05	3:30	1:15	4:45	3:15	1:45	8:45	8:10	5:10	6:40	7:30		90	864	826	724	Rostock
Schwerin	6:15	9:15	2:15	2:35	3:40	4:05	5:00	6:25	3:10	9:00	1:25	2:55	4:30	2:20	5:35	4:10	2:20	7:10	8:05	4:10	2:35	6:35	7:25	1:30		845	807	627	Schwerin
Stuttgart	4:30	1:40	7:20	6:25	7:50	4:30	2:10	8:10	2:05	6:40	5:15	3:40	7:20	3:45	4:55	6:10	1:20	2:10	5:00	9:20	2:05	2:55	9:40	9:35		92	143	Stuttgart
Ulm	5:15	0:50	5:55	6:45	7:15	5:45	4:35	2:55	6:50	2:50	7:30	6:40	4:40	8:10	4:30	4:50	7:10	2:10	1:25	5:55	7:55	2:05	2:05	8:15	8:10	0:55		201	Ulm
Würzburg	3:40	2:45	5:05	4:50	6:30	5:00	2:55	1:10	5:55	3:10	5:05	3:40	2:05	6:05	3:00	4:10	4:35	1:45	2:50	4:05	7:05	1:05	2:05	8:05	6:30	1:25	2:00		Würzburg

3 Wie groß ist ...?
Какой величины ...?

– Wie groß ist Bayern? – 70 553 Quadratkilometer.
– Wie viele Einwohner hat Bayern? – 11 027 000 Einwohner.
– Vergleichen Sie die Bundesländer:
  Welches Bundesland hat viele Einwohner?
  Welches Bundesland ist groß/klein?

GR S. 39, 6

Bundesland	Fläche	Einwohner
Baden-Württemberg	35 751	9 327 000
Bayern	70 553	11 027 000
Brandenburg	29 059	2 641 000
Bremen	404	654 000
Hamburg	755	1 571 000
Hessen	21 114	5 544 000
Mecklenburg-Vorpommern	23 838	1 963 000
Niedersachsen	47 438	7 196 000
Nordrhein-Westfalen	34 068	16 677 000
Rheinland-Pfalz	19 874	3 611 000
Saarland	2 569	1 042 000
Sachsen-Anhalt	20 445	2 964 000
Sachsen	18 337	4 900 000
Schleswig-Holstein	15 727	2 613 000
Thüringen	16 251	2 683 000
Berlin	900	3 400 000
Bundesgebiet*	358 045	78 700 000

*территория ФРГ

4 Welche Stadt ist das?
Welcher Text paßt zu welchem Bild?
Какой текст относится к какому рисунку?

a) Das ist die Liebfrauenkirche in München.
b) Das ist der Kölner Dom.
   Er ist sehr groß und sehr alt
   (von 1248–1880 erbaut).
c) Das ist der Hafen in Hamburg.
   Die Stadt liegt im Norden der Bundesrepublik.
d) Der Kurfürstendamm in Berlin:
   die große Prachtstraße in Berlin.
   роскошная улица

4 Kontakte: Verwaltung

Anton Sliva hat jetzt eine Wohnung in Stadtallendorf-Erksdorf, Badstraße 7.

Viermal Stadtallendorf:

1. Stadtallendorf und die Bundesrepublik Deutschland

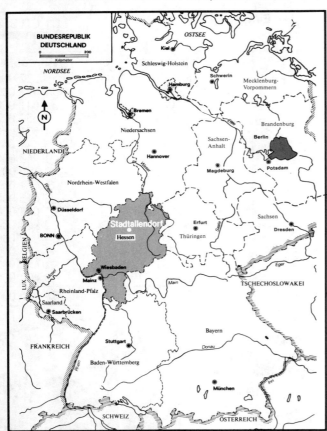

2. Stadtallendorf und Hessen

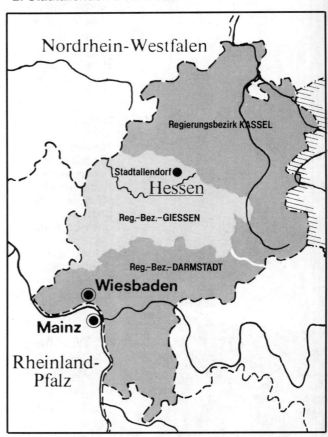

3. Stadtallendorf und der Kreis Marburg-Biedenkopf

4. Stadtallendorf: Gemeinde und Ortsteile

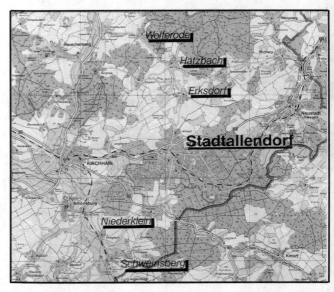

Die Verwaltung	управление
1. der Bund	федерация
2. das Land	земля
der Regierungsbezirk	округ
3. der Landkreis	район
4. die Gemeinde	местное управление/коммуна
der Ortsteil	район города/часть местности

Information

Kreisfreie Städte

Großstädte (ab 100 000 Einwohner) gehören oft zu keinem Landkreis; allerdings nehmen sie häufig die Aufgaben von Landkreisen wahr. Man nennt sie deshalb kreisfreie Städte.

Города, не подчиняющиеся местным властям

Большие города с числом жителей свыше ста тысяч часто не входят в состав района, но в большинстве случаев они берут на себя задачи района.
По этой причине их называют городами, не подчиняющимися местным властям.

Die Bundesrepublik Deutschland hat:
- 16 Länder
- ca. 43 Regierungsbezirke (Stand 1992)
- 543 Kreise
- 16 127 Gemeinden
- ca. 95 000 Ortsteile

1 Anton Sliva:

Ortsteil: _Erksdorf_

Gemeinde: _____

Kreis: _____

Bundesland: _____

Ich

Ortsteil: _____

Gemeinde: _____

Kreis: _____

Bundesland: _____

2 Berichten Sie: GR S. 36, 1

Anton Sliva wohnt in Stadtallendorf. Das ist _____ Stadt im Kreis Marburg-Biedenkopf. _____ Kreis Marburg Biedenkopf liegt in Hessen. Hessen ist _____ Bundesland in der Bundesrepublik Deutschland. _____ Bundesrepublik liegt in Westeuropa.

3 Fragen Sie Ihren Nachbarn / Ihre Nachbarin:

○ Wo wohnen Sie/wohnst du jetzt?
● Ich wohne in .... Das ist ....

4 Berichten Sie dann der Klasse:

○ Er/Sie wohnt jetzt ...

5 Behördenwegweiser — Указатель по учреждениям

STADTALLENDORF
die Stadtverwaltung

das Rathaus
Bahnhofstraße

1 Was erledige ich wo? Was bekomme ich wo? Was beantrage ich wo?

Где я могу уладить какое-либо дело? Где я могу получить какую-либо информацию? Куда я могу подать заявление о чем-либо?

die Behörde	учреждение
die Stadtverwaltung	городское управление
das Rathaus	ратуша
die Abmeldung	выписка
die Anmeldung	прописка (на жительство)
die Beglaubigung	заверение
die Geburt/Heirat/der Tod	рождение/бракосочетание/смерть
das Fundbüro	бюро находок
der Kindergarten	детский сад
die Lohnsteuerkarte	карточка налога на заработную плату
der Personalausweis	паспорт
der Reisepaß	заграничный паспорт
die Sozialhilfe	платеж на социальные нужды
das Wohngeld	надбавка к квартплате
der Wohnungsberechtigungsschein (B-Schein)	удостоверение на социальную квартиру

das Arbeitsamt
Niederkleiner Straße

das Arbeitsamt	биржа труда
das Arbeitslosengeld	пособие по безработице [1]
die Arbeitslosmeldung	регистрация [2]
die Arbeitsvermittlung	посредничество по трудоустройству
das Kindergeld	денежное пособие на ребенка (детей)
der Kindergeldzuschlag	надбавка на ребенка (детей)
das Unterhaltsgeld	денежная помощь на содержание

die Allgemeine Ortskrankenkasse (AOK)
Schillerstraße

die Allgemeine Ortskrankenkasse	общая местная больничная касса
der Impfpaß	свидетельство о прививках
der Krankenschein	больничный лист [3]
die Rentenversicherung	пенсионное страхование

die Kreisverwaltung:
Marburg 25 km

die Kreisverwaltung	районное управление
die Autoanmeldung	регистрация машины
der Führerschein	водительские права
der Lastenausgleich	возмещение за материальный ущерб [4]

die Landesverwaltung:
Wiesbaden 130 km

die Landesverwaltung	земельное управление
die Anerkennung	признание
der Bildungsabschluß	образование

die Bundesregierung:
Bonn 300 km

die Bundesministerien	федеральные министерства

[1] = первая степень финансовой помощи во время безработицы
[2] регистрация, уведомляющая биржу труда о лишении работы
[3] гарантирует, что Ваша больничная касса несет почти все расходы по лечению у Вашего врача.
[4] ущерб, нанесенный во время второй мировой войны

2 Aussprache

[y:] Führerschein, Süden, Lübeck
[y] Nürnberg, Würzburg, München, Osnabrück, Büro
[i:] Friedland, Wien, Kiel, Bielefeld, Berlin, Griechenland, Niederlande
[ø] Österreich – [œ:] Behörde
[o:] der Lohn, das Wohngeld, das Arbeitslosengeld
[ts] Koblenz, Mainz, Salzburg
[z] Süden, Saar, Salzburg, Reise, Weser
[s] Kassel, Essen, Straße, Paß, Flensburg, Regensburg, Abschluß

die Einrichtung	учреждение	Montag	понедельник
das Telefon	телефон	Dienstag	вторник
die Stadtbücherei	городская библиотека	Mittwoch	среда
wann geöffnet?	когда открыт (-а/-о/-ы)?	Donnerstag	четверг
wie?	как?	Freitag	пятница
von – bis	с – до	Samstag/Sonnabend	суббота
die Wochentage	дни недели	Sonntag	воскресенье

Behördenwegweiser: Beispiel Stadtallendorf

		Was?	Wo?	Wann?	Telefon:
	die Stadt: 3570 Stadtallendorf	die Stadtverwaltung das Rathaus	Bahnhofstr. 2	Mo–Fr 8–12	10 57
		das Arbeitsamt	Niederkleiner Str. 47	Mo–Fr 8–12.30 Di 14–17	10 15
		die Allgemeine Ortskrankenkasse	Schillerstr. 7	Mo–Fr 8–12 Do 13–16	10 11
	der Kreis: Marburg-Biedenkopf, 3550 Marburg	die Kreisverwaltung	Im Lichtenholz 60	Mo–Fr 8–11 Do 13–16	06421/4051
	das Land: Hessen 6200 Wiesbaden	der Hessische Kultusminister	Luisenplatz 10	Di–Do 9–12	0621/3680

1 Fragen und Antworten

○ Wo ist das Arbeitsamt?   ● Das Arbeitsamt? Niederkleiner Straße 47.
○ Wann ist das Rathaus geöffnet?   ● Das Rathaus ist von 8 bis 12 Uhr geöffnet.
○ Die Ortskrankenkasse: Wie ist die Telefonnummer?   ● Die Nummer ist 1-0-1-1.

2 Projekt

Institutionen und Einrichtungen in unserer Stadt:

Stadt:		Wo?	Wann?	Telefon:
	Stadtverwaltung Rathaus	_____	_____	_____
	Arbeitsamt	_____	_____	_____
	Krankenkasse	_____	_____	_____
	Hallenbad	_____	_____	_____
	Volkshochschule	_____	_____	_____
	Stadtbücherei	_____	_____	_____
	andere Einrichtungen	_____	_____	_____
Kreis:	Kreisverwaltung	_____	_____	_____
Land:	Landesverwaltung (Kultusminister)	_____	_____	_____

Grammatik

1 Bestimmter und unbestimmter Artikel
Определенный и неопределенный артикль

maskulinum
мужской род

Das ist ein Schüler.

femininum
женский род

Das ist eine Schülerin.

neutrum
средний род

Das ist ein Kind.

Das ist der Schüler von Herrn Berger.

Das ist die Schülerin von Herrn Berger.

Das ist das Kind von Herrn und Frau Luppa.

der? die? das? Machen Sie eine Wortliste:
Составьте список слов:
Name, Wörterbuch, Wort, Ort, Norden, Süden, Montag, Westen, Osten, Sonntag, Land, Pole, Polin, Russe, Russin

der	die	das
der Name	die Kirche	das Wort

2 Possessiva
притяжательное местоимение

Singular *единственное число*	maskulinum *мужской род*	femininum *женский род*	neutrum *средний род*
1. Pers. 1 л.	mein Sohn	meine Tochter	mein Kind
2. Pers. 2 л.	dein Sohn / Ihr Sohn	deine Tochter / Ihre Tochter	dein Kind / Ihr Kind
3. Pers. 3 л.	sein Sohn	seine Tochter	sein Kind

Plural *множественное число*			
1. Pers. 1 л.	unser Sohn	unsere Tochter	unser Kind
2. Pers. 2 л.	euer Sohn	eure Tochter	euer Kind
3. Pers. 3 л.	ihr Sohn	ihre Tochter	ihr Kind

der Paß	die Adresse	das Photo
der Text	die Bibel	das Radio
der Mann	die Familie	das Buch

○ Ist das dein Paß? ● < Ja.
Nein, das ist mein ...

3 ein – kein

Das ist ...

ein Mann   kein Mann   eine Frau   keine Frau   ein Kind   kein Kind

Fragen Sie: Ist das ein Wörterbuch? **Antworten Sie:** < Ja.
Nein, das ist kein Wörterbuch,
das ist ein Sprachbuch.

Kirche?

Theater?

Jugendclub?

Lehrer?

Schwimmbad?

Buchhalter?

4 Substantiv / Adjektiv

существительное / прилагательное

Pole / Polin → poln isch

Russe / Russin → russ isch

Bilden Sie die Adjektive zu den Substantiven.
Образуйте прилагательные от данных существительных.

die Demokratie – demokratisch   die Ideologie – _____
die Bürokratie – _____   die Zoologie – _____
die Theorie – _____   die Statistik – _____
die Biologie – _____   die Logik – _____

Grammatik

5 Verneinung: „nicht – kein"
Отрицание:

Die Verneinung „nicht" wird im verneinten Satz nicht wie im Polnischen bzw. Russischen vor das Prädikat gesetzt.

В отрицательном предложении отрицание „nicht" – не так как в русском языке – перед сказуемым не употребляется.

	1	2	3
Kommt er?	Nein, er	kommt	nicht.
Он придет?	Нет, он	не	придет.

Die Verneinung „kein", „keine" tritt vor Substantiven auf.

Отрицание „kein", „keine" употребляется перед существительными.

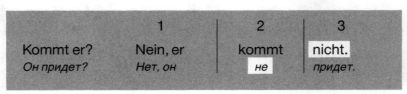

a) Sind Sie Sekretärin? Nein, ich bin keine Sekretärin, ich bin Buchhalterin.

b) Wohnen Sie in Hamburg? Nein, ich wohne nicht in Hamburg, ich wohne in Bremen.

Ü1 Antworten Sie!
Ответьте!

1. Sprechen Sie Italienisch? Nein, *ich spreche nicht... ich spreche Spanisch* (Spanisch)
2. Kommt er aus Düsseldorf? Nein, _____ (Münster)
3. Heißt sie Ossa? Nein, _____ (Kossa)
4. Wohnt ihr in Frankfurt? Nein, _____ (Lippstadt)
5. Ist er Zoologe? Nein, _____ (Philologe)
6. Kommt sie aus Ungarn? Nein, _____ (Rumänien)

Ü2 Setzen Sie „nicht" oder „kein" ein!
Вставьте „nicht" или „kein"!

1. Er wohnt *nicht* in Nürnberg.
2. Sie kommen _____ aus der UdSSR.
3. Ich heiße _____ Kapusta.
4. Der Student spricht _____ Deutsch.
5. Sie hat _____ Kinder.
6. Ihr lernt _____ .
7. Du arbeitest _____ .
8. Ich bin _____ Studentin, ich bin Lehrerin.
9. Das ist _____ Park, sondern ein Fußballplatz.
10. Das ist _____ Disko, sondern ein Café.
11. Er kommt _____ aus den USA. Er ist auch _____ Lehrer.
12. Von Augsburg nach München ist es _____ weit: nur 57 km.
13. Herr Holl findet _____ Wort im Wörterbuch.

6 Fragen, Fragen, Fragen …

○ Wie heißt „adres" auf deutsch? ● „Adres" heißt auf deutsch „die Adresse".

○ Wie weit ist es von Hamburg nach Bremen? ● Von Hamburg nach Bremen sind es 120 Kilometer.

○ Wie groß ist Baden-Württemberg? ● Baden-Württemberg ist 35 751 Quadratkilometer groß.

○ Wie viele Einwohner hat Bayern? ● Bayern hat über 11 Millionen Einwohner.

○ Wann ist das Hallenbad geöffnet? ● Das Hallenbad ist von 9 Uhr bis 21 Uhr geöffnet.

○ Wo ist das Rathaus? ● Das Rathaus? Niederkleiner Str. 47.

der Kreis:	Welcher Kreis ist das?	Das ist Marburg-Biedenkopf.
die Stadt:	Welche Stadt ist das?	Das ist Stadtallendorf.
das Land:	Welches Land ist das?	Das ist Hessen.

Suchen Sie entsprechende Fragen.
Поставьте соответствующие вопросы к следующим предложениям!

○ _____ ● Das Kino? Bahnhofstraße 45.
○ _____ ● Die Stadtbücherei ist von 15 bis 18 Uhr geöffnet.
○ _____ ● Die Telefonnummer ist 53 12.
○ _____ ● 16 677 000 Einwohner.
○ _____ ● 21 114 Quadratkilometer.
○ _____ ● Das ist Stuttgart.

7 Zahlen: 100 (hundert) – 10 000 000 (zehn Millionen)

100	hundert	сто
101	hunderteins	сто один
200	zweihundert	двести
350	dreihundertfünfzig	триста пятьдесят
1 000	tausend	тысяча
1 500	tausendfünfhundert	тысяча пятьсот
10 000	zehntausend	десять тысяч
100 000	hunderttausend	сто тысяч
1 000 000	eine Million	миллион
10 000 000	zehn Millionen	десять миллионов

1 Stadtverwaltung/Gemeindeverwaltung – Anmeldung und Lohnsteuerkarte

Information

Wenn Sie von dem Grenzdurchgangslager in den neuen Wohnort kommen, müssen Sie sich innerhalb einer Woche bei der Meldebehörde anmelden. Man fragt Sie dort nach Erwerbstätigkeit, Familienstand, Kinderzahl etc. ... Warum?

Alle Bürger profitieren von staatlichen Einrichtungen wie Schulen, Hallenbädern, Straßen etc. Diese müssen jedoch auch bezahlt werden. Deswegen muß jeder erwerbstätige Bürger einen Lohnanteil, der in Relation zu seinem Einkommen steht, dem Staat als Steuer abgeben. Wer nicht arbeitet, muß auch keine Lohnsteuer bezahlen; alle aber bekommen auf Antrag eine Lohnsteuerkarte.

Weiter wird nach Ihrer Religion gefragt. Eigentlich geht dies den Staat nichts an, aber er braucht die Information für die Kirchensteuer (ca. 10 % von der Lohnsteuer), die er der katholischen oder protestantischen Landeskirche zukommen läßt.

Einen Teil der Steuern, die der Staat von Ihnen einzieht, bekommen Sie manchmal direkt zurück (vgl. S. 44). Wenn Sie z. B. Kinder haben, bekommen Sie Kindergeld, oder wenn Sie wenig verdienen, bekommen Sie unter Umständen einen Zuschuß zu Ihrer Miete.

Deswegen: Wenn Sie umziehen, müssen Sie sich von Ihrem alten Wohnsitz abmelden und an Ihrem neuen anmelden.

Die Stadt- bzw. Gemeindeverwaltung stellt auf Antrag außerdem Personalausweise und Reisepässe aus. Dazu benötigen Sie eine Geburtsurkunde sowie ein Paßbild.

Прибыв, после лагеря для переселенцев, на постоянное место проживания Вам необходимо в течение недели встать на учет в паспортном столе. В паспортном столе Вас спросят о занятости, семейном положении, количестве детей и т. д. ... Почему?

Все граждане имеют право пользоваться общественными учреждениями как школы, бассейны, улицы и т. д. ... На содержание всех этих общественных учреждений все работающие граждане должны платить государству определенный налог на заработную плату. Не работающие граждане эти налоги не платят, но каждый гражданин может по данному заявлению получить карточку налога на заработную плату.

Еще Вас спросят к какой религиозной вере Вы относитесь. В принципе это государства не касается, но оно должно иметь эту информацию для того, чтобы знать какой церкви, католической или евангелической, ему отнести церковный налог (10% от суммы налога на заработную плату).

В некоторых случаях государство Вам возвращает часть удерживаемого им налога. Например: если у Вас есть дети, Вы получаете денежное пособие на детей, или если Вы мало зарабатываете, то в некоторых случаях часть квартплаты выплачивает государство.

Поэтому: Если Вы переезжаете с одного местожительства на другое, Вам обязательно надо выписаться с прежнего местожительства и прописаться на новом месте проживания.

Кроме того, по данному заявлению городскими и местными управлениями еще выдаются паспорт и заграничный паспорт. Для этого Вам нужны свидетельство о рождении и фотокарточка.

insgesamt	всего, итого
Mrd. = Milliarde	миллиард
davon	из того
öffentlich	общественный
die Ausgabe	расходы
der Bund	союз
zurück	вернуть обратно
das Unternehmen	предприятие
die Sparförderung	поощрение при экономии средств
die Subventionen	денежная помощь
die Investition	капиталовложение
der Zuschuß	прибавка
der Zweck	назначение
die Zinsen	проценты
der Sachaufwand	материальные расходы
das Ausland	зарубежные страны

2 Das Anmeldeformular von Herrn Sosna

Die Familie Sosna: Herr Sosna, Frau Sosna und die zwei Kinder, kommen von Friedland nach Sandershausen bei Kassel. Sie haben in Sandershausen, Gemeinde Niestetal, Badstr. 7, eine neue Wohnung. Sie gehen ins Rathaus: Dort ist die Anmeldung.

Anmeldung einer
[X] einzigen Wohnung oder Hauptwohnung
[ ] Nebenwohnung
bei Anmeldung einer Nebenwohnung sind die Fragen Nr. 1.15 – 1.17, 6.1 – 6.6, 7.9 und 10 b) – 10 d) nicht zu beantworten.

Tagesstempel der Meldebehörde   Lfd. Nr.

Ausfertigung für die **MELDEBEHÖRDE**
[ ] Abmeldung lag vor   [ ] Beiblatt ist beigefügt
[ ] Einzelmeldeschein
[ ] Meldescheine für ____ Personen
Nr. ____ für den Anmeldenden
Nr. ____ für den Ehegatten
Nr. ____ für das Kind / die Kinder
Nr. ____ für ____

1 Angaben zur Person

1.1 Familienname: *Sosna*
1.2 Namensbestandteile des Familiennamens ggf. abweichender
1.3 Ehename
1.4 Namensbestandteile des Ehenamens
1.5 Geburtsname
1.6 Namensbestandteile des Geburtsnamens
1.7 Vornamen: *Anton* (gebräuchliche Vornamen bitte unterstreichen)
1.8 akad. Grade
1.9 Ordensname
1.10 Künstlername
1.11 Geburtsdatum: Tag 02 Monat 12 Jahr 1951
1.12 Geburtsort (wenn Ausland, bitte auch Staat angeben): *Polen-Allenstein*
1.13 Geschlecht: [X] männlich [ ] weiblich
1.14 Familienstand: [ ] ledig [X] verh. [ ] verw. [ ] gesch. seit Tag 04 Monat 10 Jahr 1975
1.15 nur bei Verheirateten: Standesamt (Ort) der letzten Eheschließung: *Allenstein*
1.16 nur bei Verwitweten: Name des verstorbenen Ehegatten (ggf. auch Geburtsname) ____
1.17 nur bei Personen, die vor dem 1.1.1958 oder im Ausland geheiratet haben: wurde auf Antrag ein Familienbuch ausgestellt? [ ] nein [ ] ja   1.18 Anzahl der minderjährigen Kinder 2
1.19 Zugehörigkeit der og. Person zu einer öffentlich-rechtlichen Religionsgesellschaft [ ] nein [X] ja welche? *katholisch*
1.20 Zugehörigkeit des Ehegatten zu einer öffentlich-rechtlichen Religionsgesellschaft [ ] nein [X] ja welche? *katholisch*
1.21 Staatsangehörigkeit(en): *deutsch*

Schlüssel *)
HW = Hauptwohnung NW = Nebenwohnung
die Wohnung | wird die Wohnung - soll sein - soll bleiben | Gemeindeschlüssel *)

1 Welche Wörter kennen Sie schon?

	die Anmeldung	прописка (на жительство)	1.14	der Familienstand	семейное положение
	die Hauptwohnung	основная квартира		ledig	холостой/незамужняя
	die Nebenwohnung	(дополнительная) вторая квартира		verheiratet	женат/замужем
1.	Angaben zur Person	личные данные		verwitwet	овдовевший/овдовевшая
1.1.	der Familienname	фамилия		geschieden	разведенный/разведенная
1.5.	der Geburtsname	урожденный/урожденная	1.15.	das Standesamt	загс
1.7.	der Vorname	имя	1.18.	das minderjährige Kind	несовершеннолетний ребенок
1.11.	das Geburtsdatum	год, число, месяц рождения			
1.12.	der Geburtsort	место рождения	1.19.	die Zugehörigkeit zu einer Religionsgemeinschaft	принадлежность к какой-то религиозной вере
1.13.	das Geschlecht	пол			
	männlich	мужской	1.20.	der Ehegatte	супруг/супруга
	weiblich	женский	1.21.	die Staatsangehörigkeit	гражданство

2 Aussprache: kurzer oder langer Vokal?

[aː]–[a]   der Vorname; die Angabe; der Antrag; der Staat – die Angabe; die Familie; der Familienstand; das Standesamt; der Ehegatte

[oː]–[o]   die Person; der Vorname; die Religion – der Geburtsort

[uː]–[u]   das Familienbuch; die Zugehörigkeit – das Geburtsdatum

[iː]–[i]   die Familie; geschieden; die Eheschließung – ledig; verwitwet; minderjährig; das Kind; die Religion

[eː]–[ɛ]–[ə]   ledig; die Eheschließung – minderjährig – der Geburtsort; das Geschlecht

		Einzug am			Straße: Badstraße 7	Wohnung war bisher		beibehalten			
		Tag	Monat	Jahr		HW	NW	nein	ja	HW	NW
2	Neue Wohnung	01	05	1 9 89	Ort: 3501 Niestetal Sandershausen ggf. Ortsteil od. Adressierungszusätze					X		06 633 020
3	Bisherige Wohnung	Zuzug von bisheriger oder weiter bestehender Hauptwohnung			falls Zuzug aus dem Ausland, genügt Angabe des Staates Polen	X					
4	Weitere Wohnungen	im Inland einschließlich Berlin-West									

5	Ausweise	Ausstellungsbehörde	ausgestellt am			gültig bis		
			Tag	Monat	Jahr	Tag	Monat	Jahr
5.1	Personalausweis				19			19
5.2	Art der Pässe bitte die in der Anleitung aufgeführten Nummern in die Kästchen eintragen	Nr.			19			19
		Nr.			19			19

6 **Lohnsteuermerkmale**

6.1 erwerbstätig [nein] [ja] 6.2 vom Ehegatten dauernd getrennt lebend [X] nein [ ] ja

6.3 Person unter Nr. 1 Lohnsteuerkartenempfänger [nein] [X] ja Steuerklasse ___ 6.4 Zahl der beantragten weiteren LStK (StKl. VI) ___

6.5 Ehegatte Lohnsteuerkartenempfänger [nein] [X] ja Steuerklasse ___ 6.6 Zahl der beantragten weiteren LStK (StKl. VI) ___

7 **Wehr-/Zivildienstüberwachung** Unterliegt die Person unter Nr. 1 der – Wehrüberwachung? [X] nein [ ] ja
– Zivildienstüberwachung? [X] nein [ ] ja

8 **Übermittlungssperren** Siehe dazu nebenstehende Erläuterungen! [1] [2] [3] [4] [5] [6] befristet bis zum ___ Tag Monat Jahr

9 **Dauernder Wohnsitz am 1. September 1939** ___
(nur bei Flüchtlingen und Vertriebenen)

10 Für Familienangehörige und gesetzliche Vertreter, die nicht für die neue Wohnung angemeldet werden, bitte die Rückseite dieses Blattes ausfüllen.

Meldebehörde **Meldpflichtiger**

3501 Niestetal ___, den 28.04.89

Unterschrift Stempel A. Sosma Unterschrift

*) Wird von der Meldebehörde ausgefüllt

3 Welche Wörter kennen Sie hier schon?

2✓	die Wohnung	квартира	7. der Wehrdienst	военная служба
	der Einzug	въезд	der Zivildienst	гражданская служба
	der Zuzug	переезд	die Überwachung	надзор
	der Ortsteil	район города/часть местности	8. die Übermittlungssperre	не подлежит оглашению
3.	die bisherige Wohnung	прежняя квартира	befristet bis zum	сроком до
6.	die Lohnsteuermerkmale	налоговые признаки	✓9. der Wohnsitz	местожительство
6.1.	erwerbstätig	работающий	10. die Meldebehörde	паспортный стол
6.2.	vom Ehegatten dauernd getrennt lebend	отдельно живущие супруги	der Meldepflichtige	гражданин, обязанный прописаться
			✓ die Unterschrift	подпись
			✓ der Stempel	печать

4 Aussprache: langer oder kurzer Vokal?

[o:]–[o] der **Wo**hnsitz; die **Wo**hnung; die **Lo**hnsteuer – der **O**rtsteil

[u:]–[u] der Einz**u**g; der Z**u**zug – die W**o**hnung; die **U**nterschrift

[e:]–[ɛ] l**e**bend; der **E**hegatte; bish**e**rig – der W**e**hrdienst; das M**e**rkmal; getr**e**nnt; der St**e**mpel, m**ä**nnlich

[a:]–[a] das M**e**rkm**a**l – der **E**heg**a**tte; die Über**wa**chung

[y]–[y:] der Fl**ü**chtling; g**ü**ltig – die **Ü**berwachung; die **Ü**bermittlung;

[œ:] die Beh**ö**rde

3 Am 1. 1. 1991 ziehen Sie in Ihre neue Wohnung in München 40, Amalienstraße 36. Melden Sie sich an:

01. 01. 1991 Вы въезжаете в новую квартиру, по улице Амалиенштрассе 36. Пропишитесь!

Die Ausfüllanleitung (letztes Blatt) bitte vor dem Beschriften abtrennen!

Selbstdurchschreibendes Papier, bitte mit Schreibmaschine oder Kugelschreiber (kräftig aufdrücken) ausfüllen!

ANMELDUNG bei der Meldebehörde

Gemeindeschlüssel: 09·1·62·000

Neue Wohnung: Amalienstraße 36, 8000 München 40

Bisherige Hauptwohnung: Morwalde str 30, Steinfurt 48565

Die neue Wohnung ist: ☒ Hauptwohnung

Bestehen für u.a. Personen weitere Wohnungen? ☒ nein

Lfd. Nr.	Familienname (Ehename)	Frühere Namen	Vorname(n)
1	Fribus	Fribus	Viktor

Lfd. Nr.	Akadem. Grade	Familienstand	Geschlecht	Geburtsdatum	Geburtsort
1		ledig	M ☒	07.12.40	Kasachstan

Lfd. Nr.	Staatsangehörigkeit(en)	Religion
1	Deutsch	E

Haben Sie schon früher hier gewohnt? ☒ nein

Lfd. Nr.	Erwerbstätig	Benötigen Sie eine Lohnsteuerkarte?	Steuerklasse
1	☒ nein	☒ nein	1

München, den 270694

Unterschrift: Fribus

4 Information zur Lohnsteuerkarte

Jedes Jahr bekommen Sie eine Lohnsteuerkarte von der Gemeinde, wo Sie gemeldet sind. Die Lohnsteuerkarte ist eine Karte mit Daten, die als Basis für die Berechnung Ihrer Lohnsteuer dienen. Deswegen ist in jedem Fall eine genaue Kontrolle der Kopfdaten angebracht.

Die Lohnsteuerkarte enthält 10 wichtige Angaben:

1. die Gemeinde des für Sie zuständigen Meldeamtes
2. die Stadt des für Sie zuständigen Finanzamtes
3. Ihren Namen und Ihre Adresse
4. Ihr Geburtsdatum
5. Ihre Religionszugehörigkeit und die Ihres Ehegatten
6. Ihren Familienstand (vh = verheiratet; nv = nicht verheiratet)
7. Ihre Steuerklasse
8. die Zahl Ihrer Kinder
9. die Zahl der Kinderfreibeträge
10. das Ausstellungsdatum.

Kontrollieren Sie vor allem die Punkte 3–9, denn falsche Eintragungen sind meist mit finanziellen Einbußen für Sie verbunden.

Die Steuerklasse ist für die Höhe der Lohnsteuer besonders wichtig. Lohnsteuerklasse I gilt für ledige und geschiedene Arbeitnehmer sowie für verheiratete Arbeitnehmer, deren Ehegatten im Ausland wohnen. Lohnsteuerklasse II gilt für die zu Lohnsteuerklasse I genannten Arbeitnehmer, wenn auf der Lohnsteuerkarte mindestens 1 Kind angegeben ist. Lohnsteuerklasse III gilt für verheiratete Arbeitnehmer, wenn beide Ehegatten zusammenwohnen und der Ehegatte des Arbeitnehmers keinen Lohn bezieht oder Arbeitslohn bezieht, der in der Steuerklasse V eingereiht ist. Lohnsteuerklasse IV gilt für verheiratete Arbeitnehmer, wenn beide arbeiten und ungefähr gleichviel verdienen. Für verheiratete Arbeitnehmer gibt es entweder die Steuerklassenkombination IV/IV oder aber III/V. Welche Kombination besser für Sie ist, sagt Ihnen Ihr Finanzamt.

Wenn Sie arbeiten, müssen Sie Ihrem Arbeitgeber Ihre Lohnsteuerkarte geben, der für Sie die monatlich zu zahlende Steuer von Ihrem Lohn abzieht und dem Finanzamt zukommen läßt. Am Ende des Jahres haben Sie die Möglichkeit, einen Lohnsteuerjahresausgleich zu machen. Wenn sich herausstellt, daß Sie zuviel Steuer bezahlt haben, bekommen Sie Geld zurück. Das Meldeamt und das Finanzamt werden Ihnen bei der Lösung weiterer Probleme weiterhelfen können.

Каждый год Вы получаете карточку налога на заработную плату от местного управления, где Вы прописаны. Карточка налога на заработную плату – карточка с данными, служащими основой для подсчета Вашего налога на заработную плату. По этой причине очень важно проверять правильность Ваших данных на карточке.

На карточке налога на заработную плату написаны 10 основных Ваших данных:
1. *местное управление паспортного стола*
2. *название города финансового отдела*
3. *Ваша фамилия и адрес*
4. *число, месяц, год Вашего рождения*
5. *вероисповедание Вашей супруги и Ваше*
6. *Ваше семейное положение (vh = женат/замужем; nv = неженат/незамужем)*
7. *Ваша категория налогообложения*
8. *количество детей*
9. *необлагаемый налогом минимум на детей*
10. *дата выдачи*

Проверяйте прежде всего пункты 3–9, потому что неправильность этих данных часто связана с денежными убытками.

Категория налогообложения очень важна для суммы удерживаемого государством налога на заработную плату. I категория налога на заработную плату относится к рабочим холстякам/незамужним и разведенным и также к женатым/замужним, супруги которых живут за границей. II категория налога на заработную плату относится к рабочим, принадлежащим к I категории налога на заработную плату, если в карточке налога на заработную палту указан по меньшей мере хоть один ребенок. III категория налога на заработную плату относится к женатым/замужним рабочим, которые живут вместе с супругами, не получающими заработной платы или получающими заработную плату, которая указана в V категории налогообложения. IV категория налога на заработную плату относится к примерно одинаково зарабатывающим женатым/замужним рабочим. Для женатых/замужних рабочих возможна комбинация категорий налогообложения IV/IV или же III/IV. Какая комибинация этих категорий для Вас более выгодна Вам скажут в финансовом отделе.

Получив место работы Вы должны отдать Вашему работодателю Вашу карточку налога на заработную плату. Ваш работодатель будет удерживать с Вашей месячной заработной платы взимаемую государством сумму налогов и относить на счет финансового отдела. В конце года Вы можете подать заявление в финансовый отдел о подсчете общей суммы годового налога. Если окажется, что с Вас удержали слишком много денег, то финансовый отдел Вам их вернет. Если у Вас возникнут другие проблемы, то паспортный стол и финансовый отдел Вам всегда помогут решить их.

5 Die Lohnsteuerkarte von Herrn Borovik

Herr Borovik wohnt in 3570 Stadtallendorf, Dresdener Str. 129. Er ist am 2. 12. 1951 geboren. Er und seine Frau sind römisch-katholisch und seit 12 Jahren verheiratet. Sie haben 2 Kinder. Herr und Frau Borovik sind arbeitslos und bekommen Arbeitslosengeld. Beide haben die Lohnsteuerklasse IV. Die Lohnsteuerkarte wurde am 10. 10. 1989 ausgestellt.

Господин Боровик живёт в 3570 Штадталлендорфе, на Дрезденской улице 129. Он родился 02. 12. 1951 года. Они с женой римско-католической веры и уже 12 лет женаты. У них двое детей. Они оба безработные и оба получают пособия по безработице. У обоих IV категория налога на заработную плату. Карточка налога на заработную плату выдана 10. 10. 1989 года.

1 Kollege Computer hatte einen schwarzen Tag. Er machte 6 Fehler auf der Lohnsteuerkarte von Herrn Borovik. Welche? Bitte markieren Sie!

Коллега компьютер допустил 6 ошибок на карточке налога на заработную плату господина Боровика. Какие? Пометьте знаком.

```
Alle Eintragungen in der Lohnsteuerkarte genau prüfen!      Ordnungsmerkmale des Arbeitgebers
Lesen Sie die Informationsschrift „Lohnsteuer '89"                  MUSTER
                     Lohnsteuerkarte 1989
                                                                  3449715
Gemeinde und AGS
3570 STADTALLENDORF              06534018
Finanzamt und Nr.                                    Geburtsdatum
3550 MARBURG/LAHN     2631                           10.11.1989
    MELDEAMT                                I. Allgemeine Besteuerungsmerkmale
    3570 STADTALLENDORF              Kirchensteuerabzug   | Familienstand
                                     Arbeitnehmer | Ehegatte | vh verheiratet / nv nicht verheiratet
    Wieslaw Borovik                       RK         RK        NV
    Posenerstr. 129                  Steuer-   | Kinder unter 16 Jahren:
                                     klasse    | Zahl der Kinderfreibeträge | Zahl der Kinder
    3570 Stadtallendorf                I            2                   20
                                          (Datum)
                                          02.12.1951
(Gemeindebehörde)
        STADT STADTALLENDORF
```

2 Nehmen Sie jetzt *Ihre* Lohnsteuerkarte und übertragen Sie die Angaben in die folgende Tabelle.

Возьмите теперь Вашу карточку налога на заработную плату и запишите данные в таблицу.

1. Meldeamt — Steinfurt
2. Finanzamt — Steinfurt
3. Name, — Fribus
   Straße, — Norvaldestrase 80
   Postleitzahl (PLZ) und Ort —
4. Geburtsdatum — 19.07.70
5. Religionsgemeinschaft — EV   8. Zahl der Kinder — X
6. Familienstand —   9. Zahl der Kinderfreibeträge —
7. Steuerklasse —   10. Datum —

Grammatik

1 Akkusativ
Винительный падеж

"Wir schreiben heute zusammen einen Text. Haben Sie einen Füller und ein Heft?"

"Was schreiben wir? Einen Brief? Eine Erzählung? Ein Märchen?"

"Nein, ich habe nur einen Bleistift und Papier."

"Dann nehmen Sie den Bleistift und das Papier. Ich hole die Kreide."

	Maskulinum мужской род	Femininum женский род	Neutrum средний род
Nominativ именительный падеж	Das ist der/ein Füller,	die/eine Kreide,	das/ein Heft.
Akkusativ винительный падеж	Ich nehme den/einen Füller,	die/eine Kreide,	das/ein Heft.

Ü1 Fragen Sie:
○ Was suchen Sie? (der Park)

Antworten Sie:
● Ich suche den Park.

(das) Gasthaus „Stern" (das) Arbeitsamt (der) Jugendclub (eine) Lampe
(die) Meldestelle (die) Marienkirche (das) Schwimmbad (ein) Hotel
(die) Diskothek (das) Rathaus (das) Fußballstadion (ein) Restaurant
(der) Deutschkurs (die) Stadtverwaltung (ein) Bleistift (ein) Taxi

Ü2 Sprechen Sie weiter mit Ihrem Nachbarn/Ihrer Nachbarin

○ Holen Sie | bitte | das Buch.
　Nehmen Sie | | ...
　Bringen Sie
　Suchen Sie

● Hier ist das Buch.
Nein, | ich hole | lieber ein Heft.
　　　| nehme | ...
　　　| bringe
　　　| suche
　　　| ...

(der) Salat/(die) Suppe) (das) Telefon/... (der) Text/... (der) Ball/...
(die) Gitarre/das Grammophon (der) Paß/... (das) Wörterbuch/... (die) Fotografie/...
(das) Album/... (der) Füller/... (die) Bibel/... (das) Papier/...
(das) Taxi/... (die) Kasse/... (die) Flagge/... (das) Radio/...

Ü3 Ergänzen Sie „ein" oder „kein" in der richtigen Form:

1. Ich habe _keinen_ Bleistift, sondern _einen_ Füller. 2. Wir suchen _kein_ Haus, sondern _eine_ Wohnung. 3. Er holt _kein_ Buch, sondern _ein_ Heft. 4. Wir haben _kein_ Auto, sondern _ein_ Fahrrad. 5. Er ist _kein_ Mechaniker, sondern _ein_ Redakteur. 6. Sie bringt _kein_ Heft, sondern _ein_ Album. 7. Ich habe _kein_ Paß, sondern _ein_ Personalausweis. 8. Ich möchte _kein_ Telefon, sondern _ein_ Grammophon. 9. Ich suche _kein_ Heft, sondern _ein_ Kalender. 10. Ich suche _keine_ evangelische Kirche, sondern _eine_ katholische.

2 Zusammengesetzte Substantive im Deutschen
Сложные имена существительные в немецком языке

Bestimmungswort *определяющее слово*	Grundwort *основная часть сложного слова*	Zusammengesetztes Substantiv *сложное имя существительное*
die Lohnsteuer *налог на заработную плату*		die Lohnsteuerkarte *карточка налога на заработную плату*
das Land *страна*	die Karte *карта*	die Landkarte *географическая карта*
die Post *почта*		die Postkarte *открытка*
der Stahl *сталь*		die Stahltür *стальная дверь*
das Holz *дерево*	die Tür *дверь*	die Holztür *деревянная дверь*
das Glas *стекло*		die Glastür *стеклянная дверь*

 Zusammensetzung:
Substantiv + Substantiv
1. Teil: Bestimmungswort, bezeichnet den zweiten Begriff der Zusammensetzung näher und engt ihn ein.
2. Teil: Grundwort, bestimmt das Geschlecht der Zusammensetzung.

Словосочетание:
существительное + существительное
1. часть: определяющее слово более точно определяет и конкретизирует второе понятие сложного имени существительного.
2. часть: основная часть сложного слова определяет род сложного имени существительного.

1 **Schreiben Sie aus den Lektionen 1–4 zusammengesetzte Substantive heraus, wie z. B.:**
Выпишите из 1–4 уроков сложные имена существительные, как например:

der Stadtteil, die Landkarte, ...

2 **Zeichnen Sie in der Wortschlange die Wortgrenzen der zusammengesetzten Substantive ein.**
Обозначьте в непрекращающемся ряду слов конец слов сложных имен существительных.

[WOHN|GELD]STADTBÜCHEREIKREISVERWALTUNGNACHBARLANDGASTHAUSSTEUERKLASSELOHNSTEUERKARTEEHEGATTEKINDERGELDKINDERZAHLREISEPASS

Notieren Sie:
Запишите:

das Wohngeld, ...

Grammatik

3 Zusammengesetzte Substantive mit Fugenzeichen

Сложные имена существительные с соединительными гласными, согласными и слогами.

Als Bindeglied zwischen den Wortteilen treten folgende Fugenzeichen auf:

При образовании сложных слов в роли связок выступают следующие соединительные гласные, согласные и слоги:

1. s - es

der Unterhalt; das Geld	→	das Unterhalt s geld
der Bund; die Verwaltung	→	Die Bund es verwaltung

2. n

die Familie, der Name	→	der Familie n name

Ü1 Bilden Sie zusammengesetzte Substantive.

Образуйте сложные имена существительные.

(der) -ausweis   Lohnsteuer-
(das) -büro   Wohn-
(das) -geld   Renten-
(der) -schein   Führer-
(die) -versicherung   Berufs-
(der) -schein   Kranken-
(der) -abschluß   Fund-
(das) -geld   Personal-

1. der Personalausweis
2. der Führerschein
3. das Fundbüro
4. das Wohngeld
5. die Krankenversicherung
6. der Berufsabschluß
7. _____
8. _____

Ü2 Bilden Sie Zusammensetzungen. Finden Sie die richtige Lösung zusammen mit Ihrem Lehrer.

Образуйте сложные слова. Найдите правильный ответ вместе с Вашим учителем.

1. die Zigarette + der Automat = der Zigarettenautomat
2. die Musik + das Instrument = das Musikinstrument
3. die Gemeinde + das Amt = das Gemeindeamt
4. der Sport + die Disziplin = die Sportdisziplin
5. der Garten + das Kind = der Kindergarten
6. das Büro + die Information = das Informationsbüro
7. der Klub + der Sport = der Sportklub
8. die Bildung + der Abschluß = der Bildungsabschluss

4 Imperativ *Повелительное наклонение*

Infinitiv	Imperativ			
инфинитив	*повелительное наклонение*			
	Singular	Höflichkeitsform	Plural	Höflichkeitsform
	единственное число	*вежливое обращение*	*множественное число*	*вежливое обращение*
suchen	Such das Buch!	Suchen Sie das Buch!	Sucht das Buch!	Suchen Sie das Buch!
holen	Hol das Heft!	Holen Sie das Heft!	Holt das Heft!	Holen Sie das Heft!
kommen	Komm zur Tafel!	Kommen Sie zur Tafel!	Kommt zur Tafel!	Kommen Sie zur Tafel!
nehmen	Nimm die Kreide!	Nehmen Sie die Kreide!	Nehmt die Kreide!	Nehmen Sie die Kreide!

1 Kontaktaufnahme: Telefonieren

1 Welche Wörter kennen Sie schon?

die Auskunft	справка/справочное бюро	die Münze	монета
der Apparat	аппарат	der Münzfernsprecher	телефон-автомат
der Billigtarif	удешевленный тариф	der Normaltarif	нормальный тариф
das Ferngespräch	междугородный телефонный разговор	das Ortsgespräch	местный разговор
		der Restbetrag	сдача
das Fernmeldeamt	центральная телефонная станция	der Standort	местонахождение
		das Telefonbuch	телефонная книга
die Fernmelderechnung	счет центральной телефонной станции	die Telefonnummer	номер телефона
		die Telefonzelle	телефонная будка
die Gebühr	плата	die Vorwahlnummer/Ortskennzahl	код
der Hörer	телефонная трубка		

2 Aussprache

[y:/y]–[i:/i]   die Geb**üh**r; die M**ü**nze; die R**ü**ckgabe – der Tar**i**f; v**ie**l; b**i**llig

[ø:]–[ɛ:/ɛ]   der H**ö**rer; h**ö**ren; geh**ö**ren; die St**ö**rung – die T**e**lefonz**e**lle; der F**e**rnspr**e**cher; die F**e**rnm**e**lderechnung

[a:]–[a]   der Appar**a**t; der Norm**a**ltarif; die Ortskennz**ah**l; der Restbetr**a**g – das **A**mt; der St**a**ndort

[o:]–[o]   das Telef**o**n; die Telef**o**nnummer; die Telef**o**nzelle; die V**o**rwahl – der **O**rt; der Stand**o**rt; die **O**rtskennzahl; das **O**rtsgespräch

3 Welches Wort paßt nicht?

1. das Ortsgespräch – das Ferngespräch – die Telefonnummer – die Vorwahlnummer – der Kiosk
2. der Telefonapparat – der Fernseher – der Münzfernsprecher – das Telefon
3. der Normaltarif – der Billigtarif – die Lohnsteuerklasse
4. das Telefonbuch – der Restbetrag – der Hörer – das Radio – die Münze

2 Vorwahlnummern und Ortskennzahlen

International: Auskunft 00118

Belgien	0032
Dänemark	0045
Finnland	00385
Frankreich	0033
Großbritannien	0044
Irland	00353
Italien	0039
Jugoslawien	0038
Niederlande	0031
Norwegen	0047
Österreich	0043
Polen	0048
Portugal	00351
Rumänien	0040
Schweden	0046
Schweiz	0041
Sowjetunion (Moskau)	007095
Spanien	0034

1 Welches Land hat welche Vorwahlnummer?

0045 _Dänemark_
0038 _Jugoslawien_
0048 _Polen_
0031 _Niederlande_
0046 _Schweden_
0041 _Schweiz_
0034 _Spanien_

GR S. 18, 2

2 Welche Stadt? Welche Nummer des Fernsprechbuches?

		Nr.
07841	_Achern Baden_	_104_
0241	_Aachen_	_51_
09443	_Abensberg_	_93_
07366	_Abtsgmünd_	_90_
04340	_Achterwehr_	_3_
08380	_Achberg_	_100_

Amtliches Verzeichnis der Ortsnetzkennzahlen

Ortsnetz	Kennzahl	AFeB Nr.
Aach Hegau	0 77 74	107
Aach b Trier	0 65 1	55
Aachen	02 41	51
Aachen-Kornelimünster	0 24 08	51
Aalen Württ	0 73 61	90
Aalen Württ-Ebnat	0 73 67	90
Aarbergen	0 61 20	62
Abenberg Mittelfr	0 91 78	73
Abensberg	0 94 43	93
Abentheuer	0 67 82	55
Abtsgmünd	0 73 66	90
Abtsgmünd-Untergröningen	0 79 75	90
Abtsteinach	0 62 07	77
Achberg	0 83 80	100
Achern Baden	0 78 41	104
Achim b Bremen	0 42 02	10
Acht	0 26 56	56
Achtelsbach	0 67 82	55
Achterwehr	0 43 40	3

3 Telefonbücher und Rufnummer (= Telefonnummern)

Telefonbuch 47

Amtliches Telefonbuch der Deutschen Bundespost 1989/90
Dazu gehören Gelbe Seiten Branchen-Telefonbuch 45/47

Stadtallendorf (06428)

Teilnehmer sind angeschlossen an die Ortsnetze
Stadtallendorf
Rauschenberg Hess
Stadtallendorf · Schweinsberg
Teilnehmer des Ortsnetzes s. auch Kirchhain
Ortsnetzkennzahlen und Abkürzungen für Ortsnetznamen
(Rau) - Rauschenberg Hess (06425)
(Sts) - Stadtallendorf-Schweinsberg (06429)
Abkürzungen für Ortsnamen
(Erk) - Erksdorf
(Hat) - Hatzbach
(Ndk) - Niederklein
(Sch) - Schweinsberg
(Wlf) - Wolferode
Funkvermittlungsbereich
Kennzahl 0646105
f. Ortsnetz Rauschenberg 064105
Kennzahl
3570 - Postleitzahl

Göser Margret (Wlf) Am Lohpfad II	13 77
Götze Lothar Dr. jur., Holzfeld 1	37 03
Goldberg Achim (Ndk) Schulstr. 10	50 07
Gonster Hilde (Sch) Starenweg 27	4 27
Gontier Heinz (Ndk) Gansweide 4	42 68
Guder Ilse (Erk) Mühlenweg 8	18 47
Halter Armin (Hat) Spechtweg 6	23 14
Hanke Ruth (Sch) Amselweg 1	58 56
Hanusch Paul (Wlf) Ziehweg 4	47 11
Karl Heinz Beethovenweg 26	75 06
Kupfer Norbert (Ndk) Hochfeld 6	49 87

3 Suchen Sie die Adresse und die Telefonnummer von:

Hilde Gonster: _Stadtallendorf-Schweinsberg, Starenweg 17; 06429-42_
Armin Halter: _(Hat) Spechtweg 6   2314_
Heinz Karl: _Beethovenweg 26   7506_
Heinz Gontier: _Niederklein, Gansweide 4 4268_
Norbert Kupfer:

4. Was gehört zusammen?

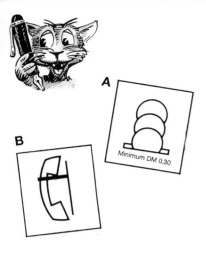

1. den Hörer abnehmen
2. Münzen einwerfen
3. die Vorwahlnummer/Ortskennzahl wählen, dann die Rufnummer wählen
4. sprechen und hören
5. den Hörer einhängen

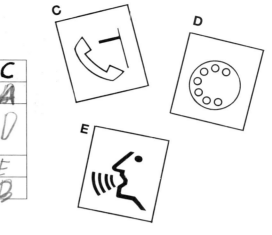

1. C
2. A
3. D
4. E
5. B

5 Wie heißt das auf deutsch?

Das heißt „Hörer".
Das ist ein Hörer.
Ich nehme den Hörer.

Das heißt „Münze".
Das ist eine Münze.
Ich brauche die Münze.

Das heißt „Telefonbuch".
Das ist ein Telefonbuch.
Ich suche das Telefonbuch.

Sammeln Sie weitere Wörter:

A ein – der	B eine – die	C ein – das
Das ist ein...	Das ist eine...	Das ist ein...

GR S. 46, 1

4 Wie bekommt man ein Telefon?

Info

Wer ein Telefon haben möchte, geht zum Fernmeldeamt oder in einen Telefonladen der Post. Dort füllt man einen Antrag für einen Telefon-(Haupt)-Anschluß aus. Nach einiger Zeit bekommt man das Telefon.

Кто хочет поставить телефон должен обратиться на центральную телефонную станцию или в телефонное отделение почты. Там нужно заполнить бланк заявления о подключении основного абонементского аппарата и телефонной связи. Через некоторое время Вам поставят телефон.

5 Die Telefonrechnung

Information

Telefonieren kostet Geld. Die monatliche Grundgebühr für den Hauptanschluß beträgt 27,– DM. Eine Gebühreneinheit kostet 0,23 DM. Ihre Länge beträgt im Ortsgespräch 8 Minuten. Von 18:00 abends bis 8:00 Uhr morgens sowie an Samstagen, Sonntagen und Feiertagen gibt es den Billigtarif, d. h. für eine Gebühreneinheit kann man länger sprechen als während des Normaltarifs. Die Gebühreneinheiten werden einmal pro Monat abgerechnet. Im Anschluß daran bekommt man die Telefonrechnung und muß sie bezahlen. Die ersten 20 Gebühreneinheiten sind übrigens gratis.

Звонить стоит денег. Ежемесячная основная плата за основной абонементский аппарат стоит 27 марок. Единица тарифа стоит 23 пфеннинга. Продолжительность местного разговора – 8 минут. С 6 часов вечера до 8 часов утра и также по субботам, воскресеньям и праздникам действует удешевленный тариф, значит, в это время за единицу тарифа можно дольше говорить по телефону, чем во время нормального тарифа. Единицы тарифа подсчитываются раз в месяц. Потом Вы получаете счет за телефон и платите. Впрочем, 20 единиц тарифа бесплатны.

6 Telefonieren

Dorothea Hammer hat im Sommer Anna Rakowski kennengelernt. Anna wohnt seit einem halben Jahr in Hamburg und macht seit März einen Deutschkurs. Dorothea wohnt in Stadtallendorf. Anna möchte sie besuchen. Anna hat seit Montag ein Telefon. Aber sie hat die Nummer von Dorothea nicht. Sie ruft die Auskunft an: (0) 11 88.

Летом Доротеа Хаммер познакомилась с Анной Раковски. Анна уже полгода живёт в Гамбурге и с марта принимает участие в курсе немецкого языка.
Доротеа живёт в Штадталлендорфе. Анна хочет её навестить. В понедельник Анне поставили телефон. Но у неё нет номера телефона Доротеи. Она звонит в справочное бюро: (0) 11 88.

GR S. 58, 6

1 Hören Sie zu und beantworten Sie dann die folgenden Fragen:

1. Wo wohnt Anna?
2. Seit wann wohnt Anna in Hamburg?
3. Wie lange macht sie schon einen Deutschkurs?
4. Wo wohnt Dorothea?
5. Seit wann hat Anna ein Telefon?
6. Wie heißt der Vater von Dorothea?
7. Wie heißt die Telefonnummer von Dorothea?
8. Wie ist die Vorwahl von Stadtallendorf?

○ Auskunft, guten Tag.
● Guten Tag, ich möchte die Nummer von Dorothea Hammer in Allendorf.
○ Wie heißt der Ort?
● A-L-L-E-N-D-O-R-F.
○ Moment mal, Allendorf/Eder oder Allendorf/Lumda?
● Nein! Stadtallendorf!
○ Stadtallendorf bei Marburg?
● Ja.
○ Und wie heißt der Teilnehmer?
● Dorothea Hammer.
○ Ammer mit A am Anfang?
● Nein, H wie Heinrich.
○ Moment, bitte ... Ich habe hier nur Horst Hammer.
● Das ist der Vater, das ist richtig!
○ Die Rufnummer ist: zwei – vier – zwei – neun.
● 2 4 2 9 – und die Vorwahl von Stadtallendorf?
○ Null-sechs-vier-zwei-acht.
● 0 64 28, vielen Dank, auf Wiederhören.
○ Auf Wiederhören.

2 Erst miteinander besprechen und dann spielen (vgl. S. 50)

A
Ihr Lehrer/Ihre Lehrerin spielt die Telefonauskunft. Sie rufen an.
1. Sie möchten die Vorwahl von Polen und von Warschau bzw. der UdSSR und Frunse.
2. Sie möchten die Nummer von Hilde Gonster in Stadtallendorf. Sie möchten auch die Vorwahl.

B
Sie sind die Telefonauskunft.
1. Ihr Partner/Der Lehrer möchte die Vorwahlnummer von Abensberg und die Nummer des Telefonbuchs (AFeB).
2. Ihr Partner/Der Lehrer möchte die Vorwahl von Finnland.
3. Ihr Partner/Der Lehrer möchte die Nummer von Norbert Kupfer in Stadtallendorf und auch die Vorwahl von Stadtallendorf.

7 Noch ein Telefonat

Es ist Dienstagabend. Anna ruft Dorothea in Stadtallendorf an.

○ Dorothea Hammer.
● Hallo, Doro! Hier ist Anna.
○ Hallo, Anna! Wo bist du?
● Ich bin zu Hause, in Hamburg. Ich habe jetzt ein Telefon!
○ Seit wann?
● Seit gestern.
○ Klasse! Wann kommst du?
● Ich komme am Freitag, gegen Abend.
○ Wie lange fährt man von Hamburg nach Stadtallendorf?
● Ungefähr fünfeinhalb Stunden.
○ Und wie lange bleibst du?
● Bis Sonntag mittag.
○ Was? Nur das Wochenende?
● Ja, Montag früh ist wieder Deutschkurs. Paß auf, hier ist meine Nummer: 040 – das ist die Vorwahl von Hamburg. Meine Nummer ist: 45 63 21.
○ Null, vierzig, und dann 4-5-6-3-2-1.
● Richtig.
○ Ich rufe dich morgen abend noch einmal an.
● Gut. Also, tschüs bis morgen.
○ Tschüs, Anna, bis bald!

GR S. 58, 6; 56, 1; 59, 7

1 Fragen zum Text:

1. Wo ist Anna?
2. Seit wann hat sie ein Telefon?
3. Wann kommt Anna?
4. Wie lange fährt man von Hamburg nach Stadtallendorf?
5. Wie lange bleibt Anna?
6. Wann fährt sie wieder zurück?
7. Was ist Montag früh?
8. Wie ist die Nummer von Anna?

gegen Abend	под вечер
der Mittag	полдень
Montag früh	рано утром в понедельник
paß auf!	будь осторожен
besuchen	навещать/навестить
das Wochenende	конец недели
bleiben	оставаться/остаться

⚠ die Uhr – die Stunde
Es ist drei Uhr (час).
Hier liegt eine Uhr (часы).
Ich warte zwei Stunden (час).

2 Erst besprechen und dann spielen

A
Sie besuchen am Wochenende Ihre Lehrerin/Ihren Lehrer.
Sie rufen an und sagen:
– wann Sie kommen,
– wie lange Sie bleiben,
– wann Sie fahren.
– Sie geben ihr/ihm Ihre neue Telefonnummer.

B
Sie haben eine Tante in Berlin.
Sie möchten sie in Berlin besuchen.
Sie rufen an und sagen:
– Sie kommen am Freitag, 17. Mai, 19.30 Uhr an,
– Sie bleiben eine Woche,
– Sie fahren Freitag, 24. Mai, 10 Uhr 20 wieder ab.

8 Das Arbeitsamt

Information

Das Ziel des Arbeitsamtes ist es, Arbeit zu vermitteln. Viele Aussiedler können jedoch wegen fehlender oder nicht ausreichender Kenntnis der deutschen Sprache nicht in eine Arbeitsstelle vermittelt werden. Damit die Aussiedler die für die Aufnahme einer Erwerbstätigkeit erforderlichen Sprachkenntnisse erlernen, fördert das Arbeitsamt Deutsch-Lehrgänge (längstens 10 Monate). Das Arbeitsamt übernimmt die Kosten der Lehrgänge und gewährt den Teilnehmern <u>Unterhaltsgeld</u>, 63 % des durchschnittlichen Nettoarbeitsentgelts aller Bezieher von <u>Arbeitslosengeld</u>.

Herr Kascha bekommt für die Dauer seines achtmonatigen Deutschlehrgangs 214,80 DM pro Woche. Genauso wie das Arbeitslosengeld wird das Unterhaltsgeld alle 14 Tage auf sein Konto überwiesen.

Биржа труда пытается устроить каждого – кто ищет – на работу. Из-за недостаточных знаний немецкого языка часто невозможно устроить переселенцев на работу. Чтобы переселенцы приобрели нужные знания немецкого языка и могли устроиться на работу биржа труда организовывает курсы немецкого языка (длящиеся максимально 10 месяцев). Биржа труда оплачивает эти курсы и предоставляет всем участникам таких курсов <u>денежную помощь на содержание</u>, составляющую 63 % от чистой средней заработной платы. Эта помощь предоставляется всем тем, кто получает <u>пособие по безработице</u>.

В течение восьмимесячного курса немецкого языка господин Каша еженедельно получает 214 марок 80 пфеннингов. Как и пособие по безработице денежная помощь переводится каждые две недели на его личный счет.

Leistungsart	Beginn/Änderung ab	Ende des Leistungsbezuges (voraussichtlich)
UNTERHALTSGELD (UHGVA)	30.11.89	30.07.90

Bruttoarbeitsentgelt (gerundet) wöchentl. DM	Leist.-Gruppe	Leistungstabelle Jahr	v. H.-Satz *)	Höhe der Leistung wöchentlich DM	davon Abzweigungen wöchentlich DM	Zahlungsweg/Bankleitzahl	Kontonummer
510	A	1987	63	214.80	0.00	533 501 10	3 362 217

Krankenversicherung bei der	Zuständiger Rentenversicherungszweig
AOK MARBURG BIED	RENTENVERSICHERUNG DER ANGESTELLTEN

Am Ende des Deutsch-Lehrgangs haben die Lehrgangsteilnehmer hoffentlich die nötigen Deutschkenntnisse, um in ihrem Beruf eine Arbeit zu finden. Der Arbeitsmarkt verändert sich ständig, und man braucht viele Informationen, um sich auf dem Markt zu orientieren. Das Arbeitsamt gibt Ihnen Hinweise auf mögliche Wege; es informiert Sie über die Lage auf dem Arbeitsmarkt, berät Sie über Berufswahl oder -wechsel und vermittelt schließlich Arbeitsplätze.

Wenn Herr Kascha nach dem Deutschkurs keine Arbeit finden sollte, müßte er (evtl. erneut) einen Antrag auf Arbeitslosengeld stellen. Die 8 Monate, in denen Herr Kascha Unterhaltsgeld bekommt, würden nicht mit der Zeit des Arbeitslosengeld-Bezugs verrechnet. Herr Kascha hat also insgesamt 12 Monate Anspruch auf Arbeitslosengeld (vgl. S. 55). Sollte Herr Kascha nach Ablauf dieser Frist immer noch arbeitslos sein, könnte er einen Antrag auf <u>Arbeitslosenhilfe</u> stellen.

Zusammenfassend läßt sich sagen, daß das Arbeitsamt drei große Aufgabenbereiche hat:
1. <u>Berufsberatung</u>
2. <u>Arbeitsvermittlung</u> und
3. <u>Leistungen an Arbeitslose</u>.

Das Arbeitsamt wird vornehmlich durch die <u>Arbeitslosenversicherung</u>, einen Teil der Sozialversicherung finanziert (siehe Kapitel 7, S. 70 ff.).

По окончании курсов немецкого языка их участники в большинстве случаев обладают достаточными знаниями немецкого языка, чтобы устроиться на работу по своей профессии. Так как положение на рынке труда все время меняется, необходима постоянная информация. Биржа труда указывает на различные возможные пути; она информирует Вас о положении на рынке труда, помогает советом при выборе или перемене профессии и также пытается устроить на работу.

Если господину Каше по окончании курса немецкого языка не удастся устроиться на работу, то он должен (может быть заново) подать заявление о предоставлении ему пособия по безработице. 8 месяцев учебы, в которые господин Каша получал денежную помощь на содержание не входят в промежуток времени, в течение которого получают пособие по безработице. Значит, господин Каша имеет право 12 месяцев получать пособие по безработице. Если он на протяжении этого времени все еще не сможет устроиться на работу, то он может подать заявление о предоставлении ему <u>временной денежной помощи по безработице</u>.

Кратко можно сказать, что в обязанность биржи труда являются 3 основные области:
1. <u>консультация по выбору профессии</u>
2. <u>устройство на работу</u> и
3. <u>услуги, оказываемые безработным</u>
В основном биржу труда содержит <u>страхование по безработице</u>, входящее в состав соцстрахования (см. гл. 7, стр. 70).

1 Wie ist Ihr Weg? Schreiben Sie.
Каков Вам путъ? Напишите.

Arbeit in Polen/der UdSSR	→	Übersiedlung	→	Arbeitslosigkeit	+	Deutsch-Lehrgang	→	Arbeit?
___ 19___ – ___ 19___		___ 19___		___ 19___ – ___ 19___		___ 19___ – ___ 19___		___ 19___

9 Das Arbeitsamt hilft: ein Beispiel

ARBEIT	ÜBERSIEDLUNG	INTEGRATIONSPHASE		ARBEIT?
Erwerbstätigkeit Lohn/Gehalt →	IN DIE BUNDESREPUBLIK DEUTSCHLAND →	Erwerbslosigkeit Arbeitslosengeld + oder	Deutsch-Lehrgänge Unterhaltsgeld →	Erwerbstätigkeit Lohn/Gehalt

die Arbeit	труд/работа	die Integrationsphase	интеграционная фаза
die Erwerbstätigkeit	работа	die Erwerbslosigkeit	безработица
der Lohn	заработная плата	das Arbeitslosengeld	пособие по безработице
das Gehalt	оклад/жалование/ заработная плата	das Unterhaltsgeld	денежная помощь на содержание
die Übersiedlung	переселение	der Deutschlehrgang	курс немецкого языка

Information

Herr Riegel kommt am 17. 8. 1989 nach Stadtallendorf. Er weiß, daß er sich zunächst bei der Meldebehörde melden muß. Sein zweiter Gang führt ihn zum Arbeitsamt. So haben es ihm seine Verwandten und Freunde erzählt, und so ist es auch richtig. Das Arbeitsamt wird Herrn Riegel nun solange begleiten, bis er eine Arbeit gefunden hat.

Um Arbeitslosengeld (ALG) zu bekommen, muß man einen Antrag stellen. Auf diesem Antrag werden Sie nach Ihrem Alter und Beruf, nach Ihrem Familienstand, nach Kindern, nach der Lohnsteuerklasse und nach der Dauer Ihrer vorhergehenden Tätigkeit gefragt. Alle eben genannten Faktoren wirken sich auf die Dauer und die Höhe des Arbeitslosengeldes aus.

Der 39jährige Herr Riegel, verheiratet, 1 Kind, Lohnsteuerklasse IV, hat viele Jahre in Polen gearbeitet, zuletzt als Fahrschullehrer. Das Arbeitsamt schickt ihm nach 3 Wochen einen Bewilligungsbescheid. Er bekäme für die Zeit von maximal einem Jahr Arbeitslosengeld in der Höhe von 246,60 pro Woche (jetzt bezieht er allerdings zunächst nur Unterhaltsgeld). Die Höhe der Bemessung des Arbeitslosengeldes orientiert sich am Arbeitslohn. Bei Aussiedlern wird von dem Lohn ausgegangen, den sie bei der Ausübung der gleichen Tätigkeit in der Bundesrepublik bekommen hätten. Die Höhe und die Dauer des Arbeitslosengeldes richtet sich nun nach einer vom Sozialminister erstellten Leistungstabelle.
Das Geld wird Herrn Riegel in 14tägigem Turnus auf sein Konto überwiesen. Da Herr Riegel Arbeitslosengeld bekommt, ist er automatisch auch kranken- und rentenversichert.

17. 8. 1989 года господин Ригель приехал в Штадталлендорф. Он знает, что он сначала должен встать на учет в паспортном столе. Потом ему нужно обратиться на биржу труда. Так ему рассказывали его родственники и знакомые и оказалось, что так оно и есть. Биржа труда будет сопровождать господина Ригеля до тех пор, пока он не найдет место работы.

Для того чтобы получить пособие по безработице нужно подать заявление. На основании этого заявления Вас спросят о возрасте, профессии, семейном положении, количестве детей, категории налогообложения и о прежнем месте работы. От всех этих факторов зависят срок и размер выплачиваемого пособия по безработице.

39 летний господин Ригель женат, у него один ребенок, он относится к IV категории налогообложения, много лет работал в Польше, до отъезда, инструктором по вождению автомашины. Спустя три недели биржа труда присылает ему уведомление о том, что он максимально год будет получать пособие по безработице, в сумме 246,60 марок ФРГ за неделю (В данный же момент он получает только денежную помощь на содержание). Определение суммы пособия по безработице зависит от заработной платы. У переселенцев исходят из заработной платы, которую они получали бы в ФРГ, выполняя ту же самую работу. Сумму пособия по безработице выплачивают по таблице трудовых показателей, составленной министром социального обеспечения. Деньги переводятся господину Ригелю через каждые две недели на его счет. Так как господин Ригель получает пособие по безработице он автоматически застрахован на случай болезни и ему оплачивают пенсионное страхование.

Leistungsart				Beginn/ Änderung ab	bei Alg: Zahl der Wochentage, für die längstens Anspruch besteht bei Alhi: Ablauf des Bewilligungsabschnitts längstens aber bis zum Ende des Monats, in dem das 65. Lebensjahr vollendet wird.
ARBEITSLOSENGELD (ALG)				31.08.89	312
Arbeitsentgelt (gerundet) wöchentlich DM	Leist.- Cruppe	Leistungstabelle Jahr / v. H.-Satz*)	Höhe der Leistung wöchentlich DM	davon Abzweigungen wöchentlich DM	Zahlungsweg/ Bankleitzahl	Kontonummer
550	A	1989 / 68	246.60	0.00	533 501 10	3 362 217
Krankenversicherung bei der				Zuständ. der Rentenversicherungszweig	
AOK MARBURG BIED				RENTENVERSICHERUNG DER ARBEITER	

Grammatik

Plural von Substantiven
Множественное число существительных

1. Gruppe: Wörter mit der Endung -er, -el, -en im Singular und Plural
Слова с окончаниями -er, -el, en в единственном числе и во множественном

Singular	+	–	= Plural	
Единственное число			*Множественное число*	
Kalender	+		= Kalender	ebenso: *(так же)* Theater, usw.
Vater	+	¨	= Väter	ebenso: *(так же)* Mutter, usw.

2. Gruppe: Endung -e im Plural
Окончание -e во множественном числе

Singular	+	e	= Plural	
Kurs	+	e	= Kurse	ebenso: Lokal, usw.
Hand	+	¨e	= Hände	ebenso: Paß, Pässe, usw.

3. Gruppe: Endung -n
Окончание -n

Singular	+	n	= Plural	
Name	+	n	= Namen	ebenso: Auge, Oper, usw.

4. Gruppe: Endung -en (viele Feminina)
Окончание: -en (у многих существительных женского рода)

Singular	+	en	= Plural	
Information	+	en	= Informationen	ebenso: Form, usw.

5. Gruppe: Endung -er einsilbige Wörter
Окончание -er односложные слова

Singular	+	er	= Plural	
Bild	+	er	= Bilder	ebenso: Kind, usw.
Mann	+	¨er	= Männer	ebenso: Bad, usw.

6. Gruppe: Endung -s Fremdwörter
Окончание -s иностранные слова

Singular	+	s	= Plural	
Clown	+	s	= Clowns	ebenso: Disko, usw.

5

Ü1 Sammeln Sie mit Ihrer Lehrerin/Ihrem Lehrer Wörter, die zu diesen Gruppen gehören:
Подберите вместе с Вашей учительницей/Вашим учителем слова, относящиеся к этим группам:

Zu 1: die Lager, die Kabel, die Mütter, ...   Zu 4: die Institutionen, die Frauen, die Ohren, ...

Zu 2: die Hefte, die Telefone, ...   Zu 5: die Gläser, ...

Zu 3: die Kirchen, die Gaststätten, ...   Zu 6: die Kinos, die Cáfes, ...

Ü2 Bilden Sie den Plural. Benutzen Sie Ihr Wörterbuch.
Образуйте множественное число. Пользуйтесь Вашим словарем.

der Bus	*die... die Busse*		das Taschentuch	*die...*
das Kino	*die Kinos*		das Handtuch	
der Kaktus	*die Kaktusen*		das Gasthaus	
die Institution	*die Institutionen*		die Oper	
das Tanzlokal	*die Tanzlokale*		das Hallenbad	
die Bank	*die Bänke*		die Gaststätte	
die Garage	*die Garagen*		der Sportplatz	
			das Brot	

2 Die Monatsnamen
Название месяца

(der) Januar – Februar – März – April – Mai – Juni – Juli – August – September – Oktober – November – Dezember

3 Die Jahreszeiten
Время года

(der) Frühling – Sommer – Herbst – Winter

4 Die Tageszeiten
Время дня

der Tag – am Tag	день – днем
der Morgen – am Morgen – morgens	утро – утром
der Vormittag – am Vormittag – vormittags	дополуденное время – утром до полудня
der Mittag – am Mittag – mittags	полдень – в полдень
der Nachmittag – am Nachmittag – nachmittags	послеобеденное время – в послеобеденное время
der Abend – am Abend – abends	вечер – вечером
die Nacht – nachts	ночь – ночью
die Mitternacht – um Mitternacht	полночь – в полночь

5 Wichtige Zeitangaben *Важные указания времени*

heute	сегодня	seit April	с апреля
morgen – übermorgen	завтра – послезавтра	letzte Woche	на прошлой неделе
gestern – vorgestern	вчера – позавчера	nächste Woche	на следующей неделе
bald	скоро	vor vier Tagen	четыре дня (тому) назад
am Montag, ...	в понедельник, ...	in drei Monaten	через три месяца
im Januar	в январе		

Grammatik

1. Zeitpunkt erfragen _Спросите в какое время_   Zeitpunkt benennen _Назовите в какое время_

a) **Wann** kommst du?
   öffnet das Hallenbad?

Um 8 Uhr
am Samstag; am Abend; am Wochenende
im Sommer; im Juli; in zwei Tagen
um 12 Uhr; um 7 Uhr
bald; morgen; übermorgen; nächste Woche

b) **Seit wann** sind Sie schon hier?

seit 1985; seit Oktober; seit Dienstag;
seit heute; seit gestern Mittag; seit 14 Uhr

2. Zeitdauer erfragen _Спросите о продолжительности (времени)_   Zeitdauer benennen _Назовите продолжительность (времени)_

Wie lange ist das Hallenbad geöffnet?
         bleibst du?

Von 8 bis 17 Uhr, 9 Stunden (lang).
(von jetzt) bis Sonntag; 3 Tage (lang)
            bis 1992;   1 Jahr (lang)
            bis Januar;   4 Monate (lang)
            bis 14 Uhr;   3 Stunden (lang)

Ü1 Fragen und Antworten

○ Wann kommen Sie?
  ● Ich komme _am_ Montag.
              _um_ 16.15 Uhr.
              _am_ Morgen.
              _am_ Dienstag.
              _um_ Woche.
              _in_ fünf Tagen.

○ Wie lange bleiben Sie?
  ● Ich bleibe _bis_ Samstag.
              bis 18 Uhr.
              von Mai _bis_ September.
              von morgens _bis_ abends.
              bis Donnerstag.
              von 20 Uhr _bis_ 23.55 Uhr

Ü2 Setzen Sie „am", „um", „bis", „seit", „im" ein.
Вставьте „am", „um", „bis", „seit", „im".

1. Wir wohnen _bis_ Mai in Passau.
2. _am_ Samstag ist das Arbeitsamt geschlossen.
3. _im_ Winter ist es kalt.
4. Der Unterricht beginnt _um_ 8.15 Uhr.
5. Er ist _seit_ gestern krank.
6. Das Museum ist _bis_ 12.30 Uhr geöffnet.
7. _um_ 23.55 Uhr ist es noch nicht Mitternacht.
8. _am_ Tag arbeiten, in der Nacht schlafen!

Ü3 Wann...?

○ Wann | kommt | die Tagesschau?
  ● Um 20.00 Uhr.

○ Wann | gibt es | die Tagesthemen?
  ● Um ...

○ Wann...

15.30 Viel Kampf für wenig Leben
      (Siehe Vorschau)
16.00 Die Trickfilmschau
16.15 Spaß am Dienstag
17.15 Tagesschau
NDR regional: 17.25 Das Nest:
Freunde; 17.50 Berichte vom Tage;
18.00 Hart aber herzlich (1): Spiel,
Spaß, Mord! 18.26 Tagesschau;
18.30 Sandmännchen; 18.40 Hart
aber herzlich (2); 19.15 Hallo Niedersachsen

19.58 Heute im Ersten
20.00 Tagesschau
20.15 Tiere vor der Kamera
      Die Nächte der Tasmanischen Teufel
21.00 Monitor
      Berichte zur Zeit:
      Ostern – Theater am Wolfgangsee; Fremde in der Bundesrepublik
21.45 Dallas
22.30 Tagesthemen
23.00 ARD-Sport extra
      DFB-Pokal

7 Trennbare Verben
Глаголы с отделяемыми компонентами

auf —	открыть	Machen Sie bitte die Tür **auf**!
zu — machen	закрыть	Machen Sie auch die Fenster **zu**!
mit —	принимать участие в чём-н.	Machen Sie doch **mit**!
an —	прибыть, прийти, приехать	Herr Sliva kommt mit seiner Frau in Friedland **an**.
zurück — kommen	вернуться	Kommen Sie heute **zurück**?
her —	прийти, приехать, прилететь, приплыть, подойти, подъехать, подлететь, подплыть	Kommen Sie bitte **her**.
vor —	читать кому-н. что-н.	Lesen Sie bitte den Text **vor**!
mit — lesen	читать с кем-н.	Ich lese den Text **vor**.
nach —	справиться о чём-н. в чём-н.	Sie lesen den Text **mit**.
		Sie lesen (den Text) **nach**.
vor —	произносить что-н. (вслух)	Ich spreche Ihnen den Vokal **vor**.
nach — sprechen	повторить	Sie sprechen den Vokal langsam **nach**.
aus —	произнести, высказать	Sprechen Sie das Wort deutlich **aus**.
auf —	записать	Schreiben Sie den Satz **auf**!
mit — schreiben	записывать	Frau Sliva schreibt jedes Wort **mit**.
ab —	списывать	Schreiben Sie die Sätze von der Tafel **ab**.
zu — hören	слушать	Hören Sie genau **zu**!
auf —	перестать	Wir hören jetzt **auf**.
vor —	играть перед кем-н.	Ich spiele Ihnen die Szene **vor**.
nach — spielen	переиграть, играть вслух	Sie spielen die Szene **nach**.
mit —	играть с кем-н.	Spielen Sie doch bitte **mit**.

 Keine Trennung zum Beispiel bei: verstehen, verheiraten, besprechen

 Suchen Sie noch mehr trennbare Verben und bilden Sie Sätze.

1 Einkaufen

die Lebensmittel (Pl.)	продукты питания					
der Apfel	яблоко					
der Apfelsaft	яблочный сок					
der Aufschnitt	ассорти из мясных и колбасных изделий	der/das Joghurt	йогурт	der Porree	лук-порей
		der Käse	сыр	der Quark	творог
die Backwaren (Pl.)	хлебобулочные изделия	der Kaffee	кофе	das Rindfleisch	говядина
		die Kartoffel	картофель	die Sahne	сливки
die Banane	банан	der Keks	печенье	die Salami	салями
die Birne	груша	die Kondensmilch	конденсированное молоко	der Salat	салат
das Bier	пиво			das Salz	соль
die Bockwurst	сарделька	die Konserven (Pl.)	консервы	die Schokolade	шоколад
das Bonbon	конфета	das Kotelett	отбивная котлета с косточкой	das Schweinefleisch	свинина
das Brot	хлеб			der Senf	горчица
das Brötchen	булочка	der Kuchen	пирог	das Speiseöl	пищевое растительное масло
die Butter	сливочное масло	das Lammfleisch	баранина		
die Cola	кола	die Margarine	маргарин	die Spirituosen (Pl.)	ликеро-водочные изделия
das Ei	яйцо	die Marmelade	повидло		
das Eis	мороженое	das Mehl	мука	der Tee	чай
das Fertiggericht	готовое изделие	die Milch	молоко	die Teigwaren (Pl.)	макаронные изделия
der Fisch	рыба	das Mineralwasser	минеральная вода		
das Fleisch	мясо	die Möhre	морковь	die Tiefkühlkost	быстрозамороженные продукты
das Gemüse	овощи	die Molkereiprodukte (Pl.)	молочные продукты		
das Getränk	напиток			der Wein	вино
das Gewürz	специя	die Nudeln (Pl.)	лапша	die Wurst	колбаса
die Gurke	огурец	das Obst	фрукты	die Zitrone	лимон
das Hackfleisch	мясной фарш	der Orangensaft	апельсиновый сок	der Zucker	сахар
das Hähnchen	жаренный цыпленок	die Orange	апельсин		

1 Welche Wörter kennen Sie schon auf deutsch?

andere Dinge im Supermarkt:
другие вещи в супермаркете:

der Einkaufswagen — тележка для покупок
die Kasse — касса
das Regal — полка

2 Aussprache

[y:] das Gemüse; die Süßwaren; die Tiefkühlkost
[y] das Gewürz; die Küchengeräte
[i:] das Bier; die Margarine
[i] die Birne; der Fisch; die Milch; die Zitrone
[ø:] das Brötchen; die Möhre; das Öl

[e:] das Mehl; der Kaffee; der Porree; die Lebensmittel
[o:] das Brot; die Cola; die Spirituosen
[a:] die Marmelade; die Schokolade; das Regal
[u:] die Nudeln

3 der? – die? – das? Ergänzen Sie die Liste.

der…	die…	das…	Plural: die…
der Salat	die Birne	das Mehl	die Konserven

4 Was ist in welcher Abteilung?

Obst: Birnen,

Tiefkühlkost:

Gemüse:

Backwaren:

Molkereiprodukte:

Getränke:

5 Was gehört zusammen?

-Saft -Fleisch Lamm- -Fleisch -Produkte -Gericht Kondens- Orangen-
-Fleisch -Waren Zeit- -Schrift -Wasser Speise-
-Milch Mineral- Molkerei- Gewürz- -Waren
Rind- -Kost Apfel- -Abteilung Hack- -Saft
-Fleisch Tabak- -Öl Tiefkühl- Teig- Back- Fertig-
-Wurst -Waren Fleisch-

das Lammfleisch,

2 Einkaufen im Supermarkt

Frau Bender geht einkaufen. Der Supermarkt ist neu. Frau Bender braucht Mehl, Milch und Wurst. Sie fragt das Fräulein an Kasse 1.

○ Guten Tag, entschuldigen Sie, wo finde ich Mehl?
● Mehl? Geradeaus, zweiter Gang links, oben.
○ Äh, ja… danke. Also: geradeaus, erster Gang… nein, zweiter Gang, links.
● Ja, und dann oben!
○ Danke, und wo ist die Milch?
● Bei „Molkereiprodukte", geradeaus, dritter Gang, rechts. Dort drüben!
○ Gut, und wo ist die Fleischabteilung?
● Gleich hier links.
○ Vielen Dank!

GR S. 67,3

Fragen im Supermarkt:

○ Entschuldigung, | wo ist Mehl?
 Bitte, | wo finde ich Obst?
  | was kostet der Salat?
  | wieviel kostet…?

1 Was ist wo? Fragen Sie.

2 Frau Bender braucht noch…

…Zucker, Zigaretten, Salat, Butter, Nudeln, Äpfel und Möhren in Konserven.
Sie fragt das Fräulein an Kasse 1. Sie sind an Kasse 1. Helfen Sie Frau Bender.

Zucker: *geradeaus erster Gang, links oben*

Zigaretten: _____

Salat: _____

Butter: _____

Nudeln: _____

Äpfel: _____

Möhren in Konserven: _____

3 In der Fleischwarenabteilung   6

Unsere Fleischwarenabteilung
bietet heute:

Schweinebauch	1 kg	DM	3,98
Schweinebraten	1 kg	DM	6,98
Schweinekotelett	1 kg	DM	6,48
Gulasch, gemischt	1 kg	DM	7,98
Hackfleisch, gemischt	1 kg	DM	5,44
Rinderrouladen	1 kg	DM	11,11
Schinken, gekocht	100 g	DM	1,40
Bratwurst	100 g	DM	–,79
Fleischwurst	100 g	DM	–,59

Haben Sie Bratwurst?
Ja, heute im Angebot 100g: 60 Pf.

Frau Bender kauft ein:

○ Ja, bitte? Was bekommen Sie?
● Ein Kilo Schweinebraten und..
○ Ja, einen Moment bitte…
● …ein Pfund Hackfleisch.
○ Schwein oder Rind?
● Gemischt, bitte!
○ Noch etwas?
● Haben Sie Bratwurst?
○ Ja, heute im Angebot:
100 g: 60 Pfennig.
● Äh…, drei Stück, bitte.
○ Ist das alles?
● Ja, danke.
○ 11 Mark 34. Bezahlen Sie bitte vorne an der Kasse.
Wer ist der Nächste, bitte?…
Was darf's denn sein?…

die Bratwurst	колбаска из сырого фарша (для жаренья)
die Fleischwurst	докторская колбаса
das Gulasch	гуляш
gemischt	смешанный, -ая, -ое, -ые
die Rinderroulade	говяжий рулет

der Schinken gekocht	ветчина варенный, -ая, -ое, -ые
der Schweinebauch	свиная грудинка
der Schweinebraten	жареная свинина
das Gramm (g)	грамм (г)
das Pfund (500 g)	фунт (500 г)
das Kilogramm (1000 g)	килограмм (1000 г)

1 Was kauft Frau Bender?

	ja	nein			ja	nein
Schweinebraten				Rinderrouladen		
Schweinebauch				Bratwurst		
Hackfleisch				Schinken		

2 Was kostet das? Hier ist der Einkaufszettel von Frau Bender:

2 kg Schweinebauch   DM _____
1,5 kg Kotelett   DM _____
750 g Gulasch   DM _____
½ tb Fleischwurst   DM _____
200 g gekochten Schinken   DM _____
6 Bratwürste (=600g)   DM _____
                                   ─────────
                       zusammen: DM _____

3 Erst besprechen und dann spielen:

Schreiben Sie einen Einkaufszettel für die „Fleischwarenabteilung".
Spielen Sie dann „Einkaufen".
Ihre Lehrerin/Ihr Lehrer spielt die Verkäuferin/den Verkäufer.

4 Das Paket

Paul und Paula schicken ein Paket nach Polen. Dort haben sie viele Verwandte. Paula hat schon einen Einkaufszettel geschrieben.

Пауль и Паула хотят отправить посылку в Польшу. Там у них много родственников. Паула уже составила список.

○ Paß auf, Paul, wir brauchen: sechs Büchsen Rindfleisch, fünf Dosen Thunfisch, vier Dosen Bratwurst.
● Und Gemüse? Hast du auch Dosen-Gemüse?
○ Ja, drei Dosen Möhren, drei Dosen Spargel und drei Gläser saure Gurken…
● Was?! Saure Gurken auch??
○ Na klar, und dann noch Obst: sechs Dosen Ananas, sechs Dosen Pfirsiche…
● Hör mal!
○ …und dann für die Kinder 10 Tafeln Schokolade, vier Beutel Malzbonbons, drei Schachteln Pralinen, vier Päckchen Kaugummi und eine große Tüte Lebkuchen. Für Onkel Antek zwei Kisten Zigarren und für Tante Maria Parfüm…
● Sag mal, Paula, was kostet denn das alles??
○ Keine Ahnung. Kannst du das mal zusammenrechnen?

der Spargel	спаржа
das Glas	банка
sauer	кислый, -ая, -ое, -ые
der Pfirsich	персик

die Pralinen	шоколадные конфеты
der Lebkuchen	медовый пряник
der Kaugummi	жевательная резинка
das Parfüm	духи

1 Helfen Sie Paul und gehen Sie in einen Supermarkt.

Notieren Sie die Preise. Was kosten die Lebensmittel für das Paket ungefähr?

2 Ergänzen Sie die Liste.

die Büchse…/ банка…	die Dose…	das Glas…	der Beutel…	die Tafel…	die Schachtel…	die Tüte…	das Päckchen…	die Kiste…
Rindfleisch	Bir	gurken	milchs	schokolat	schokolad	Tafel	Cigareten	ab

3 Vergleichen Sie die Preise:

HEUTE BESONDERS PREISWERT IM BILLY-MARKT
- Laib Brot 1500 g 4.90
- Quark, 10% Fett 500 g -.98
- Marmelade, 1 Glas 500 g 2.25
- Kondensmilch gr. Dose -.78
- Schokolade, Sahne 1 Tafel 1.44
- Deutsche Markenbutter 250 g 2.44
- Pilsener Bier, 1 Kasten 12 Flaschen 9.60

SUPER-SONDER-ANGEBOTE IM BONANZAMARKT			
Brot, geschnitten	500 g	**1.55**	
Quark, 20% Fett	500 g	**1.20**	
Marmelade, 1 Glas	450 g	**1.80**	
Kondensmilch	3 kl. Dosen	**1.36**	
Schokolade, Sahne	1 Tafel	**1.35**	
Deutsche Markenbutter	250 g	**2.44**	
Pilsener Bier, 1 Kasten	20 Flaschen	**14.—**	

GR S. 67, 1+2 →

Vergleichen:

Das Brot ist im Bonanza-Markt billiger. Die Schokolade ist im Billy-Markt teurer.

Das Bier ist im Billy-Markt teurer als im Bonanza-Markt.

Die Butter kostet im Billy-Markt genausoviel wie im Bonanza-Markt.

Ein Gespräch

A Paula kommt nach Hause. Paul wartet schon. Hören Sie das Gespräch.

○ Schau mal, Paul!
● Was hast du denn da alles??
○ 10 Kilo Zwiebeln.
● 10 Kilo??
○ Ja, ein Super-Sonder-Angebot!
● Und was ist das da? Paprika?
○ Ja, 1 Kilo Paprika. Auch ein Super-Sonder-Angebot!
● Und das hier?
○ 10 Kilo Schweinefleisch. Auch ein…
● Super-Sonder-Angebot!
○ Richtig!
● Und was machst du jetzt damit?
○ Du magst doch Gulasch, oder?
● Gulasch??
○ Ja, Zwiebeln und Schweinefleisch, Salz und Paprika: das gibt Gulasch!
● 20 Kilo Gulasch??

1 Fragen:

– Was bringt Paula nach Hause?
– Was sagt Paul dazu?
– Was macht Paula dann?

B Hören Sie das Gespräch weiter:

○ Und du, was hast du da??
● Ich? Also, ich habe hier zwei Kaffeemaschinen. Eine kostet 39 Mark, zwei kosten nur 55 Mark!
○ Sag mal, Paul! Wir haben doch schon eine Kaffeemaschine!
● Ja, aber…

2 Wie geht die Geschichte weiter?

C Paul hat für Paula noch eine Überraschung:

Ein Super-Sonder-Angebot: alle wichtigen Küchenartikel, Besteck und Geschirr für nur 360 DM:

das Besteck	столовый набор	das Kochgeschirr	кухонная посуда	das Geschirr	посуда
die Gabel	вилка	der Topf	кастрюля	der Teller	тарелка
das Messer	нож	die Pfanne	сковорода	die Tasse	чашка
der Löffel	ложка	der Kochlöffel	кухонная деревянная ложка	das Glas	стакан
		der Schöpflöffel	половник	der Abspüllappen	тряпочка для мытья посуды
				das Geschirrtuch	посудное полотенце

3 Was sagt Paula? Was meinen Sie?

4 Besprechen und Spielen:

Paula findet die Sachen *nicht* gut!
„Der Topf ist zu klein! Das Angebot ist zu teuer! Das Geschirr ist nicht schön!…"

5 Besprechen und Erzählen

Oft kauft man Sachen, die man nicht braucht, und man kauft mehr, als man wollte. Geht es Ihnen auch manchmal so? Erzählen Sie!

Часто бывает так, что покупаешь ненужные вещи или больше вещей, чем хотелось. С Вами такое тоже уже случалось? Расскажите!

6 Sonderangebote

1 In der Zeitung gibt es oft Lebensmittel-Sonderangebote.
В газете часто напечатаны специальные предложения на продукты питания.
Sammeln Sie die Anzeigen und vergleichen Sie sie gemeinsam im Deutschkurs.
Соберите такие объявления и сравните их на курсе немецкого языка с другими объявлениями, собранными Вашими коллегами по курсу.

2 Projekt

Gehen Sie mit der folgenden Liste in drei Supermärkte und notieren Sie die Preise. Vergleichen Sie dann gemeinsam die Preise im Deutschkurs!
Пойдите с данным ниже списком продуктов в три супермаркета и запишите цены. Сравните потом Ваши цены с ценами других слушателей курса немецкого языка!

		Supermarkt 1	Supermarkt 2	Supermarkt 3
Konserven				
Schweinefleisch	eine Dose (300 g oder 500 g)			
Rindfleisch	eine Dose (300 g oder 500 g)			
Thunfisch in Öl	eine Büchse/Dose (200 g)			
Würstchen	eine Dose (180 – 250 g)			
Kondensmilch, groß	eine Dose (340 g)			
Tiefkühlkost				
Erbsen	eine Packung (500 g)			
Bohnen	eine Packung (500 g)			
Hähnchen	(1000 – 1200 g)			
Eier	eine Schachtel (10 Stück)			
Molkereiprodukte				
Frischmilch	eine Tüte (1 Liter)			
Speisequark, mager	ein Becher (500 g)			
Naturjoghurt	ein Becher (150 g)			
Deutsche Butter	(250 g)			
Süßwaren				
Schokolade	eine Tafel (100 g)			
Bonbons, z. B. Malzbonbons	eine Tüte (100 g)			
Kaugummi	ein Päckchen (10 Stück)			
Andere Lebensmittel				
_____				

○ Wo ist | die Butter teuer/billig ?
          | ...

○ Wo ist | die Schokolade teurer – im Supermarkt 1, 2 oder 3?
          | ...

○ Wo ist | die Milch am teuersten ?
          | ...

● Im Supermarkt ... ist | das Schweinefleisch billiger als im Supermarkt ...
                        | ...

● Im Supermarkt ... sind | die Eier genauso teuer wie im Supermarkt ...
                         | ...

GR S. 67, 1

Grammatik

1 Steigerung Степени сравнения
Regelmäßige Steigerung Регулярные степени сравнения

	Grundform Основная форма	Komparativ Сравнительная степень		Superlativ Превосходная степень	
	billig	billig er	am	billig	st en
	wenig	wenig er	am	wenig	st en
	schlecht	schlecht er	am	schlecht	est en
	preiswert	preiswert er	am	preiswert	est en
	günstig	günstig er	am	günstig	st en

Ausnahmen Исключения

Grundform	Komparativ		Superlativ	
teuer	teur er	am	teuer	st en
alt	ält er	am	ält	est en
groß	größ er	am	größ	t en
gern	lieber	am	liebsten	
gut	besser	am	besten	
viel	mehr	am	meisten	

Ü1 Finden Sie die Steigerungsformen für folgende Adjektive:
Найдите степени сравнения от следующих прилагательных

frisch, neu, schön, alt, billig, schlecht, gut, klein, ...

2 Vergleich Сравнение

| Birnen | sind | teurer | als | Äpfel. |
| Lammfleisch | ist | teurer | als | Schweinefleisch. |

| Salz ist | nicht so | teuer | wie | Zucker. |
| Hackfleisch ist | nicht so | teuer | wie | Schinken. |

| Ein Pfund | ist | genausoviel | wie | 500 Gramm. |
| Ein Kilo | ist | genausoviel | wie | 1000 Gramm. |

Ü2 Vergleichen Sie bitte und nehmen Sie dazu folgende Adjektive:

alt, billig, schlecht, gut, groß, teuer, klein, neu

Beispiel: Rathaus – Theater: Das Rathaus ist älter als das Theater.

Stadt – Zentrum
Bus – Auto
Café – Restaurant
Teelöffel – Suppenlöffel

Brot – Brötchen
Kakao – Kaffee
Wein – Milch
Lammfleisch – Schweinefleisch

3 Die Ordnungszahlen Порядковые числительные

der	erste	(1.)	sechste	(6.)	zwanzigste	(20.)	siebzigste	(70.)
die	zweite	(2.)	siebte ⚠	(7.)	dreißigste	(30.)	achtzigste	(80.)
das	dritte ⚠	(3.)	achte	(8.)	vierzigste	(40.)	neunzigste	(90.)
	vierte	(4.)	neunte	(9.)	fünfzigste	(50.)	hundertste	(100.)
	fünfte	(5.)	zehnte	(10.)	sechzigste	(60.)		

 Die Ordnungszahlen treten im Deutschen mit dem bestimmten Artikel auf.

В немецком языке порядковые числительные употребляются с определенным артиклем.

1 Geld: Einnahmen und Ausgaben

Herr Harward rechnet:

Ewald Harward, 35 Jahre alt, Köln, ledig, keine Kinder, evangelisch, Lohnsteuerklasse 1, Facharbeiter.
Herr Harward verdient im Monat DM 4000,– brutto. Davon gehen insgesamt circa DM 1100,– Steuer ab. Für die Krankenversicherung gibt er im Monat ungefähr 300 Mark aus, für die Rentenversicherung bezahlt er etwa 400 Mark. Ungefähr DM 100,– zahlt er in die Arbeitslosenversicherung ein, 60 Mark macht der Mitgliedsbeitrag für die Gewerkschaft aus.
Herr Harward bekommt also zusammen etwa DM 2040,– netto im Monat.
Die Rechnung geht so weiter:
Ungefähr DM 600,– gehen für Miete, Strom, Heizung, Gas und Wasser ab, und noch einmal DM 600,– gibt er für Essen und Trinken aus.
Die Kleidung kostet im Monat DM 150,–; für Auto und Versicherungen braucht er DM 400,–, für Telefon DM 50,–. Sonstige Kosten – das sind zum Beispiel Autoreparaturen, Renovierung in der Wohnung, Urlaub, Zeitung – noch einmal DM 600,– und für Kneipe und Disco DM 100,–.
Was spart Herr Harward im Monat?
– Nichts! Er legt nichts zurück! Herr Harward hat im Monat etwa DM 460,– zu wenig!

GR S. 75, 1

```
                    Oktober 1990
1. Einnahmen: +
   brutto         DM 4000,–         3. Ausgaben
2. Abzüge (ungefähr):                Miete                  500,–
   Lohnsteuer        1000,–          Heizung, Strom,
   Kirchensteuer      100,–          Gas                    100,–
   Kranken-                          Essen, Trinken         600,–
   versicherung       300,–          Kleidung               150,–
   Renten-                           Autokosten             300,–
   versicherung       400,–          Versicherung           100,–
   Arbeitslosen-                     Kneipe/Disco           100,–
   versicherung       100,–          Telefon                 50,–
                                     Gewerkschafts-
                                     beitrag                 60,–
                                     Sonstiges              600,–
   ─────────────────────────────────────────────────────────────
   netto pro Monat  2100,–           alles zusammen        2560,–
                        Saldo: Es fehlen: 460,– DM!!!
```

1 Was meinen Sie:

Wofür gibt Herr Harward sein Geld aus?
Wofür gibt er zu viel aus?

2 Wofür geben Sie Ihr Geld aus? Notieren Sie zu Ihrer eigenen Kontrolle.

```
Miete: _____
Heizung, Strom, Gas, Wasser: _____
Bekleidung: _____
Auto: _____
Versicherung: _____
```

die Arbeit	работа
der Arbeitgeber	работодатель
der Arbeitnehmer	рабочий и служащий
der Facharbeiter	квалифицированный рабочий
die Einnahmen	доходы
der Monatslohn	месячный заработок
der Stundenlohn	почасовая оплата труда
das Wohngeld	надбавка к квартплате
das Kindergeld	денежное пособие на ребенка (детей)
brutto	брутто
netto	нетто
der Abzug	удержание из заработной платы
die Lohnsteuer	налог на заработную плату
die Kirchensteuer	церковный налог
die Arbeitslosenversicherung	страхование по безработице
die Krankenversicherung	страхование на случай болезни
die Rentenversicherung	пенсионное страхование
die Sozialversicherung	соцстрахование
die Ausgabe	расходы
die Miete	квартплата
die Nebenkosten	побочные издержки
die Heizung	отопление
der Strom	электроэнергия
das Gas	газ
das Haushaltsgeld	деньги на домашнее хозяйство
die Kleidung	одежда
die Autokosten	расходы на автомобиль
die Versicherungsprämie	страховая премия
der Versicherungsbeitrag	страховой взнос
der Mitgliedsbeitrag für die Gewerkschaft	профсоюзный членский взнос
Sonstiges	прочее
abgehen	следует вычесть
sparen	экономить
zurücklegen	откладывать деньги

3 Welche Wörter kennen Sie schon?

7

4 Aussprache

[o:] der **Mo**natsl**oh**n, das **Wo**hngeld, der Str**o**m
[o] bru**tto**, ne**tto**
[a:] die **Ei**nnahme, die **Au**sgabe, das G**a**s, sp**a**ren
[a] die **A**rbeit, der **F**ach**a**rbeiter, der **A**bzug
[ɔi] die St**eu**er, die Kirchenst**eu**er
[i:] die M**ie**te – [y:] m**ü**de

5 Intonation

der Mónatslohn, der Stúndenlohn,
die Lóhnsteuer, die Kránkenversicherung,
die Réntenversicherung, die Nébenkosten,
das Háushaltsgeld,
die Soziálversicherung,
die Gewérkschaften, die Bekléidung,
die Versícherungsprämie,
der Versícherungsbeitrag

6 Was gehört zusammen?
Manchmal gibt es mehrere Lösungen.

Wohn-; Kranken-; Stunden-; Kirchen-; Neben-; Kinder-; Versicherungs-; Arbeit-; Arbeit-; Gewerkschafts-;

das _Wohn_ geld; die _____ versicherung;
die _____ steuer; der _____ beitrag;
der _____ lohn; der _____ geber;
der _____ nehmer; die _____ kosten;
die _____ prämie; das _____ geld;

2 Familie Weitzel

Familie Weitzel wohnt in 9830 Wiesenhausen, Obere Allee 73. Frau Weitzel ist 33 Jahre alt, Herr Weitzel 37. Sie haben zwei Kinder, ein Mädchen und einen Jungen. Sven ist vierzehn. Er geht zur Schule, Lissy ist drei. Sie geht in den Kindergarten. Sie sind zusammen vier Personen. Sie haben eine 4-Zimmer-Wohnung, eine Sozialwohnung. Die Wohnung hat 83 Quadratmeter.
Herr Weitzel arbeitet bei der Firma „Beton-Bund AG". Er ist Maschinist. Er sitzt oft im Bagger. Er verdient 20,– Mark pro Stunde. Er findet die Arbeit gut, aber schwer.
Frau Weitzel ist Hausfrau. Sie versorgt die Kinder. Sie kocht, putzt, wäscht. Die Hausarbeit ist anstrengend. Sie arbeitet 10 Stunden pro Tag. Sie ist Verkäuferin, aber sie findet keine Arbeit.

1 Bitte schreiben Sie:

1. Frau Weitzel _wohnt in_ ... . Sie ist ... und ... . Sie ... .
2. Herr Weitzel ... . Er ist ... und ... . Herr Weitzel ... .
3. Lissy Weitzel ... . Sie ... in den ... .
4. Sven Weitzel ... . Er ... zur ... .

3 So sieht die Lohnabrechnung für Herrn Weitzel am Monatsende aus.

Bitte ergänzen Sie die fehlenden Daten.
Дополните, пожалуйста, отсутствующие данные!
Hören Sie dazu ein Interview mit Herrn Weitzel.

```
LOHNABRECHNUNG FÜR JANUAR 1990

Arbeitgeber:              Arbeitnehmer:           Personalnummer: 12003
BETON-BUND AG             FRITZ WEITZEL           Staatsangehörigkeit: _____
BRÜCKENSTR. 140-146       OBERE ALLEE 73          Geburtsdatum: 12.11.1955
9810 BURGSTEDT            9830 WIESENHAUSEN       Lohnsteuerklasse: III
                                                  Kinderzahl: _____
                                                  Stundenlohn: _____

Woche   Mo  Di  Mi   Do   Fr  Sa  So
  1      8   8   8    8    8   -   -      Bruttolohn
  2      8   8  5,5  2,5   8   -   -      im JANUAR:
  3      8   8   8    8    8   -   -
  4      8   8   8    8    8   -   -         _____ Stunden à ____ DM
  5      8   8                             Betrag: _____

Arbeitsstunden im JANUAR: _____

       Bruttolohn   DM 3360,__
          Abzüge       218,33
                       211,68
                       314,16
                        72,24
                        13,46
                       _____
          Netto
                     ******

DIE ÜBERWEISUNG ERFOLGT AUF DAS KONTO BEI DER KREISSPARKASSE WIESENHAUSEN
KONTO-NUMMER: 987654321     BANKLEITZAHL (BLZ): 900 546 78
```

die Lohnabrechnung — удержание из заработной платы

4 Sozialversicherung

Fast alle Arbeitnehmer sind in der gesetzlichen Sozialversicherung. Die Sozialversicherung schützt ihre Mitglieder vor den Folgen von Krankheitskosten (Krankenversicherung/KV), der Arbeitslosigkeit (Arbeitslosenversicherung/AV) und gewährt im Ruhestand eine Rente (Rentenversicherung/RV), die im Verhältnis zu den eingezahlten Beiträgen steht (höchstens ca. 70% vom Nettolohn). Die Sozialversicherung ist keine Versicherung, die sich an den Beiträgen ihrer Mitglieder bereichern will. Sie macht keine Gewinne.

Grundlage für die Berechnung der Versicherungsbeiträge für den Arbeitnehmer ist der Brutto-Monatslohn (KV = ca. 7%, RV = ca. 9%, AV = ca. 2%).

Bei Herrn Weitzel macht das bei der Krankenversicherung ca. 215 DM aus. Der Arbeitgeber von Herrn Weitzel, die Beton-Bund-AG, bezahlt den gleichen Betrag. Insgesamt bezahlen beide also 430 DM, normalerweise 50% der Arbeitnehmer und 50% der Arbeitgeber.

Wenn die Beiträge zur Deckung der Unkosten nicht ausreichen, werden sie vom Gesetzgeber erhöht.

Почти все рабочие являются членами предписанного законом соцстрахования. Соцстрахование охраняет своих членов от последствий расходов по болезни (страхование на случай болезни/KV), от последствий расходов по безработице (страхование по безработице/AV) и еще соцстрахование оплачивает пенсию (пенсионное страхование/RV), которая пропорциональна уплаченной сумме взноса (максимально 70% от чистой заработной платы). Соцстрахование не относится к таким страховым обществам, которые хотят обогатиться за счет своих членов. Оно не извлекает никакой выгоды из своих доходов.

Основой исчисления страхового взноса рабочих и служащих является общая сумма месячной заработной платы (KV = ок. 7%, RV = ок. 9%, AV = ок. 2%).

Господин Вейцель платит ок. 215 марок ФРГ за страхование на случай болезни. Работодатель господина Вейцеля, „Бетон-Бунд-АГ", платит ту же самую сумму. В конечном счете оба платят вместе 430 марок ФРГ; при обычных обстоятельствах 50% платит рабочий и 50% работодатель.

Если взносы не покрывают расходов, то они повышаются законодателем.

5 Ein Interwiev

Herr Brandt von der „Burgstedter Zeitung" spricht mit Frau Weitzel:

Wieviel brauchen Sie im Monat zum Leben?

○ Frau Weitzel, Sie machen also die Haushaltskasse!
● Ja, das ist richtig.
○ Ihr Mann sagt, Sie haben ungefähr 2530 Mark im Monat.
● Ja, und 200 DM Kindergeld und Wohngeld. Manchmal ist alles zusammen etwas mehr, manchmal auch weniger.
○ Wieviel Geld brauchen Sie im Monat für die Miete?
● 550 Mark, dazu 150 Mark für Heizung und Strom. Alles zusammen also ungefähr 700 Mark für die Wohnung.
○ Und wieviel Geld geben Sie für Essen und Trinken aus?
● Also ungefähr 600 Mark und für Kleidung 200 Mark. Die Kleidung für die Kinder ist sehr teuer, besonders die Schuhe.
○ 700 Mark plus 600 Mark, das sind 1300 Mark. Und der Rest?
● ...ist für das Auto – das heißt für Benzin, Versicherung, Steuern, Reparaturen. Dafür brauchen wir im Monat ungefähr 400 Mark. Dann brauchen wir natürlich auch noch Geld für Telefon, für Radio und Fernsehen, für Möbel und solche Sachen. Und für den Urlaub. Für den Urlaub legen wir jeden Monat 200 Mark zurück: Das sind 150 Mark Kindergeld und 50 Mark Wohngeld für die Wohnung.

1 Die monatlichen Einnahmen und Ausgaben der Familie Weitzel. Ergänzen Sie:

Einnahmen:		Ausgaben:	
1. Lohn (netto)	DM 2530	1. Miete	DM 550
2. Wohngeld	DM 50	2. Nebenkosten (z. B. Heizung)	DM 150
3. Kindergeld	DM 150	3. Essen/Trinken	DM 600
		4. Kleidung	DM 200
		5. Auto	DM 400
		6. Möbel/Sonstiges	DM 300
		7. Sparen für Urlaub	DM 200
		8. _____	DM _____
Einnahmen insgesamt:	DM 2730	Ausgaben insgesamt:	DM _____

Saldo: Was bleibt? 330

2 *Ihre* monatlichen Einnahmen und Ausgaben: Schreiben Sie zu Ihrer eigenen Kontrolle auf.

Einnahmen:
1. _____
2. _____
3. _____
4. _____
Einnahmen insgesamt: _____

Ausgaben:
1. _____
2. _____
3. _____
4. _____
Ausgaben insgesamt: _____

Saldo: Was bleibt? _____

6 Herr Brandt schreibt für die „Burgstedter Zeitung" einen Artikel:

DM 2500,– netto im Monat – für 4 Personen genug?

2500 Mark im Monat – das ist viel Geld. Reicht es aber für eine Familie mit 2 Kindern?

Herr Weitzel arbeitet als Maschinist bei einer Baufirma. Da verdient er 3400 Mark brutto. Er ist 37, seit 12 Jahren verheiratet. Die Weitzels haben zwei Kinder, Sven (14) und Lissy (3). Frau Weitzel war Verkäuferin, jetzt ist sie zu Hause und macht den Haushalt.

Von den 3400 Mark bleiben Herrn Weitzel aber nur ungefähr 2500 Mark netto. Die Weitzels bekommen für die beiden Kinder 150 Mark Kindergeld und für die ca. 80 Quadratmeter große Sozialwohnung 50 DM Wohngeld. Insgesamt haben sie im Monat also DM 2700,–.

Frau Weitzel führt die Haushaltskasse. DM 700,– kostet die Warmmiete für die

Wohnung, rund DM 600,– gibt die Familie für Essen und Trinken aus. Für Kleidung rechnet Frau Weitzel 200 Mark monatlich. Den Rest brauchen sie für Telefon, Auto, Möbel und andere Sachen. Frau Weitzel möchte gerne wieder arbeiten, aber sie findet keine Arbeit als Verkäuferin, auch nicht halbtags.

Die Weitzels sind keine armen Leute – sie haben ein kleines Auto, eine Waschmaschine, einen Kühlschrank und einen Gefrierschrank. Im nächsten Monat möchten sie einen Farbfernseher kaufen. Einen Urlaub machen sie aber nur alle zwei Jahre. Dazu meint Herr Weitzel: „Dieses Jahr bleiben wir zu Hause, aber nächstes Jahr fahren wir nach Spanien, an die Costa Brava."

„Sicher – wir sind keine armen Leute", sagt Frau Weitzel, „aber Geld haben wir auch nie! Ein paar hundert Mark im Monat mehr – dann hätten wir keine Probleme!"

1 Besprechen

– Was meinen Sie: Lebt eine Familie mit 2 Kindern mit DM 2700,– im Monat in der Bundesrepublik gut?
– Die Tochter von Weitzels ist noch klein – soll Frau Weitzel wieder arbeiten gehen?
– Was ist für *Sie* wichtiger: ein Auto oder eine schöne Wohnung zu haben?
  Urlaub zu machen oder zu Hause zu bleiben?

2 Die Haushaltsausstattung: Was hat Familie Weitzel?

                                          Familie Weitzel

1. Farbfernsehgerät *(цветной телевизор)*   _____
2. Auto *(машина)*   _____
3. Kühlschrank *(холодильник)*   _____
4. Gefrierschrank *(морозильник)*   _____
5. Geschirrspüler *(посудомойка)*   _____
6. Waschmaschine *(стиральная машина)*   _____
7. Telefon *(телефон)*   _____
8. Videorekorder *(видеомагнитофон)*   _____

3 Besprechen

Ist das alles so wichtig: Farbfernseher – Auto – Telefon – Videorekorder – …?
Was braucht man wirklich, was braucht man nicht?

1. sehr wichtig   _____   Warum: _____
2. wichtig   _____   _____
3. weniger wichtig   _____   _____
4. nicht wichtig   _____   _____

4 Schreiben Sie einen Text über Herrn Harward für die Zeitung:

„2100,– Mark netto im Monat sind nicht genug!"

7 Das Geld und die Bank: Das Girokonto

Fritz Weitzel bekommt seinen Lohn nicht bar ausgezahlt. Der Arbeitgeber überweist den Lohn auf Fritz Weitzels Bankkonto bei der Kreissparkasse Wiesenhausen. Hier ist der Kontoauszug:

Фрицу Вейцелю заработную плату выплачивают не наличными. Работодатель перечисляет заработную плату на счет Фрица Вейцеля в районную сберкассу Визенхаузена.
Вот выписка из счета:

die Bank	банк
die Bankleitzahl	банковский код
das Bargeld	наличные деньги
Geld abheben	снять деньги
das Girokonto	жиросчет
der Kontoinhaber	владелец счета
ein Konto eröffnen	открытие счета
die Kontonummer	номер счета
der Kontoauszug	выписка из счета
der Scheck	чек
einen Scheck ausstellen	дать чек
einen Scheck bekommen	получить чек
Soll (= die Schuld: S)	дебет (долг: S)
und Haben (= das Guthaben: H)	и кредит (вклад: H)
der Saldo (H/S)	сальдо (H/S)
Buch. – Datum = Buchungsdatum	дата занесения на счет
der Umsatz	оборот
die Unterschrift	подпись
zeichnungsberechtigt	имеющий право на подпись

1 Welche Wörter kennen Sie schon?

2 Aussprache

[œ] eröffnen
[aː] Bargeld
[t-ts] Leit-zahl

[s-ʃ] aus-stellen
[b-h] ab-heben
[x]   zeichnungsberechtigt

3 Ordnen Sie die Wörter. Was gehört zu:

BANK

(GIRO) KONTO

SCHECK

8 Ein Konto eröffnen — Открытие счета

Vor längerer Zeit waren Herr und Frau Weitzel bei der Kreissparkasse und haben ein Girokonto eröffnet. Das war so:

○ Guten Tag, kann ich Ihnen helfen?
● Guten Tag, ich möchte ... ein ... einen ...
○ Möchten Sie Geld wechseln? Einen Kredit? Ein Konto?
● Konto! Wir möchten ein Konto!
○ Ach so, Sie wollen ein Konto eröffnen. Kein Problem, das machen wir sofort. Wer soll der Kontoinhaber sein – Sie oder Ihre Frau oder beide?
● Beide. Meine Frau ist die Finanz-Chefin!
○ Also, ich brauche Ihre Namen.
● Fritz Weitzel, Hanne Weitzel.
○ Adresse?
● Obere Allee 73, Wiesenhausen.
○ Ihr Beruf?
● Ich bin Maschinist, meine Frau ist Verkäuferin.
○ Haben Sie Telefon?
● Ja: 3696.
○ Ihre Geburtstage?
● Mein Geburtstag ist am 18. 9. 1953. Meine Frau ist am 25. 10. 1957 geboren.
○ So, hier Ihre beiden Unterschriften, danke. So, hier ist Ihre Karte mit der Kontonummer und der Bankleitzahl.
● Vielen Dank. Auf Wiedersehen.
○ Auf Wiedersehen.

Год назад господин Вейцель с женой были в районной сберкассе и открыли там счет. Это было так:

---

6. Unterschriftskarte

Kontoinhaber Name(n) mit Vor- und Geburtsname oder Firma: **Weitzel, Fritz**
Telefon: 448811
Konto Nr.: 987 654 321

Straße, Hausnummer: **Obere Allee 73**

PLZ, Wohnort: **9830 Wiesenhausen**
Geburtstag: **18. Sept. 1953**

ausgeübter Beruf/ Geschäftszweig: **Maschinist** — nicht-selbständig
Kontoauszüge: werden abgeholt

Familienstand: verh. — Nationalität: **deutsch** — Güterstand: **gesetzlich**
Kundensystematik (ZIS)

Zeichnungsberechtigt in dem unter Nr. 3 geregelten Umfang sind:
1. Weitzel, Fritz — zeichnet — *Fritz Weitzel*
2. Weitzel, Hanne — zeichnet — *Hanne Weitzel*

Es verfügen Nr. 1 bis 2 jeder für sich; Nr. -- je zwei gemeinschaftlich.

Wiesenhausen, den 14.11.1989
Ort, Datum — Rechtsverbindliche Unterschrift(en) des Kontoinhabers

[1] Bei Firmen und juristischen Personen sind die Organe, Prokuristen und Handlungsbevollmächtigten als solche zu bezeichnen.

Sparkassen-Service-Karte
Sparkasse der Stadt Wiesenhausen
Bankleitzahl: 900 546 78
Ihr Kundenberater: Frau Zinsen
Kontonummer: 987 654 321

Grammatik

1 Trennbare Verben Глаголы с отделяемыми компонентами

Infinitiv инфинитив	Präsens настоящее время			
ausgeben	Herr Harward	gibt	viel Geld	aus.
ausreichen	Das Geld	reicht	nicht	aus.
aussehen	Das	sieht	nicht gut	aus.
zurücklegen	Herr Harward	legt	nichts	zurück.
abgehen	Die Steuern	gehen	vom Bruttolohn	ab.

⚠ Trennbare Verben werden nur in der getrennten Form konjugiert. Dabei tritt das Präfix am Satzende auf.

Глаголы с отделяемыми компонентами спрягаются только в разделенной форме. При этом приставка употребляется в конце предложения.

2 Nicht trennbare Verben: Глаголы с неотделяемыми компонентами

bekommen:	Herr Harward	bekommt		im Monat 4000 Mark.
verdienen:	Er	verdient		nicht schlecht.
benötigen:	Er	benötigt		mehr als er hat.
bezahlen:	Er	bezahlt	etwa	1100,– DM Steuern.

🖱 Sammeln Sie mit Ihrer Lehrerin/Ihrem Lehrer andere nicht trennbare Verben und bilden Sie Sätze.

3 Wortbildung: Словообразование

Verb ⟶ Substantiv
глагол ⟶ имя существительное

Bildung des Substantivs
Образование имен существительных

A Vom Infinitiv
От инфинитива

Verb: Infinitiv	Substantiv	
kommen ⟶	das Kommen	
leben ⟶	das Leben	*immer Neutrum*
essen ⟶	das Essen	
einkaufen ⟶	das Einkaufen	

B Mit Hilfe der Endung -ung
С помощью окончания -ung

Verb: Infinitiv	Substantiv		
üben ⟶	die Üb–	-ung	
erzählen ⟶	die Erzähl–	-ung	*immer Femininum*
wohnen ⟶	die Wohn–	-ung	
besprechen ⟶	die Besprech–	-ung	

🖱 **Bilden Sie Substantive von den vorgegebenen Verben:**
Образуйте существительные от данных ниже глаголов!

reisen, wiederholen, zuhören, treffen, anmelden, sparen, mithören, ordnen, vorbereiten

Das Reisen, ...

1 Reisen: Am Bahnhof

1 Was ist Nr. … auf deutsch?

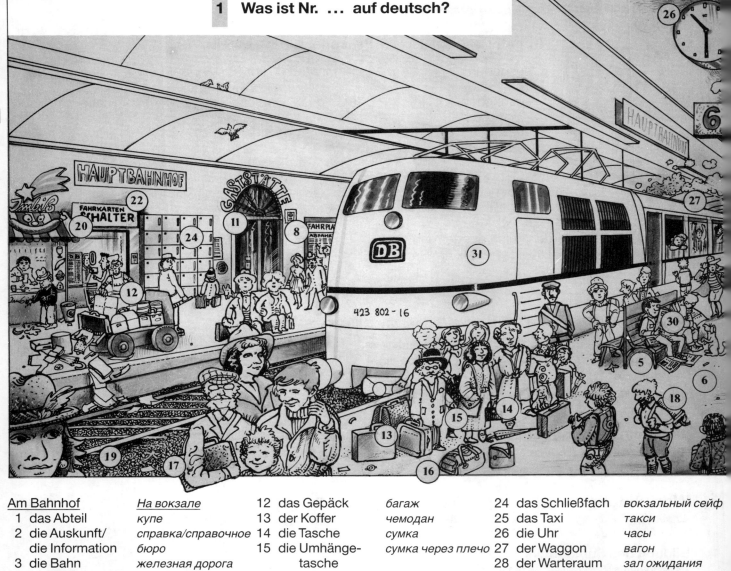

	Am Bahnhof	На вокзале
1	das Abteil	купе
2	die Auskunft/ die Information	справка/справочное бюро
3	die Bahn	железная дорога
4	die Bahnpost	железнодорожный почтамт
5	die Bank	скамейка
6	der Bahnsteig	перрон
7	die Fahrkarte	билет на поезд
8	der Fahrplan	расписание поездов
9	die Ankunft	прибытие поездов
10	die Abfahrt	отбытие поездов
11	die Gaststätte	ресторан
12	das Gepäck	багаж
13	der Koffer	чемодан
14	die Tasche	сумка
15	die Umhängetasche	сумка через плечо
16	die Reisetasche	саквояж
17	die Aktentasche	портфель
18	der Rucksack	рюкзак
19	das Gleis	железнодорожный путь
20	der Imbiß	закусочная
21	die 1./2. Klasse	1./2. класс
22	der Schalter	касса
23	der Speisewagen	вагон-ресторан
24	das Schließfach	вокзальный сейф
25	das Taxi	такси
26	die Uhr	часы
27	der Waggon	вагон
28	der Warteraum	зал ожидания
29	das WC/ die Toilette	туалет
30	die Zeitung	газета
31	der Zug	поезд
32	der Eilzug	ускоренный пассажирский поезд
33	der D-Zug	скорый поезд
34	der Intercity	междугородный поезд

2 Aussprache

[aː] die **Ba**hn, der **Ba**hnsteig, die **Fa**hrkarte, der **Fa**hrplan, die **A**b**fa**hrt, die **Ba**hnpost, der Speise**wa**gen

[a] die **Ba**nk, die **A**nkunft, die **A**bfahrt, die **Kla**sse, die **Ga**ststätte, die **Ta**sche, die **A**ktentasche, der **Ru**cksack, der **Scha**lter, der **Wa**rteraum

[oː] das Tele**fo**n

[o] der **Ko**ffer, die **Po**st

[uː] der **Zu**g, die **Uh**r, der **Ei**l**zu**g, der **D-Zu**g

[u] die **A**n**ku**nft, die **A**us**ku**nft

[ʃ] der **S**peisewagen, die Ta**sch**e, das **Sch**ließfach, der **Scha**lter

3 Was gehört zusammen?
Manchmal sind mehrere Antworten richtig.

Beispiel: Tasche → tragen

die Fahrkarte	fragen	das Restaurant	einsteigen
der Zug	kaufen	der Bahnsteig	warten
die Information	fahren	der Warteraum	einsteigen
die Bank	ankommen	das Schließfach	ausruhen
das Gleis	sitzen	der Waggon	abschließen

4 Was kann man am Bahnhof alles machen?

Man kann eine Fahrkarte kaufen. Man kann ...

GR S. 83, 1

2 Gespräche am Bahnhof

An der Information

○ Guten Tag. Ich möchte morgen nachmittag nach Göttingen. Wann kann ich fahren?
 ● Moment. Hier: 15 Uhr 33 ab Stuttgart, dann sind Sie um 20 Uhr 16 in Göttingen.
○ Muß ich da umsteigen?
 ● Ja, in Heilbronn – und dann noch einmal in Würzburg.
○ Gibt es auch noch später eine Verbindung?
 ● 16 Uhr 08, der ist um 20 Uhr 46 in Göttingen. Da müssen Sie nur in Mannheim umsteigen.
○ Ist das ein Inter-City?
 ● Ja.

Am Schalter

○ Guten Tag, eine Fahrkarte nach Göttingen, bitte.
 ● Einfach oder Rückfahrkarte?
○ Einfach.
 ● Erster oder zweiter Klasse?
○ Zweiter.
 ● Hundertzwölf Mark. Brauchen Sie auch einen IC-Zuschlag?
○ Ja, was macht der?
 ● Noch sechs Mark dazu.

1 Besprechen und spielen

A Sie sind am Bahnhof und wollen nach Heidelberg fahren. Sie fragen: Abfahrt – Ankunft? Preis?

B Sie holen Freunde vom Zug ab. Der Zug kommt nicht pünktlich. Sie fragen.

C Sie telefonieren und fragen: Zugverbindungen am Vormittag nach Hamburg; Umsteigen? Preis?

Fragen am Bahnhof

○ Ich möchte nach ... fahren.

○ Wann geht ein Zug?

○ Wo muß ich umsteigen?

○ Wann | bin ich da?
  | komme ich in ... an?

○ Was kostet | eine einfache Fahrt?
  | eine Rückfahrkarte?

○ Wo geht der Zug nach ... ab?
  Auf welchem | Gleis?
  | Bahnsteig?

○ Hat der Zug Verspätung?

3 Die Einladung

Familie Sosna ist mit Familie Lang befreundet. Sie kennen sich vom Durchgangslager Friedland.

Das ist Familie Sosna.
Sie wohnt seit einem halben Jahr
in Kassel. Herr Sosna ist 40,
er arbeitet bei Mercedes.
Frau Sosna ist 36.
Sie war in Polen Sekretärin.
Sie geht wieder „zur Schule"
und lernt Buchhaltung.
Ihre Kinder – Mirko, 6 Jahre,
und Elena, 9 Jahre –
sind in der Grundschule.

Das ist Familie Lang aus Köln.
Die Langs kommen aus der Sowjetunion.
Hermann Lang ist 38,
er ist Mechaniker
in der Elektrotechnik.
Seine Frau macht
einen Deutschkurs
und einen
Computerlehrgang.
Sie haben eine Tochter.
Irina geht in
die vierte Klasse.

GR S. 83; 84

Herr Lang schreibt Familie Sosna einen Brief:

Köln, 22. Februar

Liebe Sosnas,
wie geht es Euch? Uns geht es gut. Maria lernt gut Deutsch. Irina geht gern in die Schule.
Am nächsten Samstag habe ich Geburtstag. Dazu möchten wir Euch herzlich einladen. Könnt Ihr schon am Freitag kommen? Dann haben wir mehr Zeit! Kommt mit dem Zug. Ich hole Euch am Bahnhof ab.
Ihr übernachtet natürlich bei uns. Wir haben genug Platz. Aber bringt bitte Schlafsäcke mit.
Mit welchem Zug kommt Ihr? Bitte schreibt bald!
Herzliche Grüße
Eure Hermann

1 Herr Sosna antwortet.

Ergänzen Sie den Brief.

Kassel, 25 Februar

Lieber Hermann,
Vielen Dank für Deinen lieben _Brief_
und die _Einladung_.
Wir kommen gerne zu Deinem _Geburstag_.
Uns geht es auch _gut_. Wir erzählen Euch alles!
Am Freitag arbeite ich bis 14 Uhr 30. Dann nehmen wir den _D-Zug_ und sind gegen Abend in _Köln_.
Was wünschst Du Dir zum _Geburstag_?
Ich schreibe bald, wann wir kommen.
Herzlichen Grüße
Helmut mit Familie

4 Familie Sosna macht einen Besuch

Am Wochenende fahren die Sosnas also nach Köln. Alle sind schon sehr aufgeregt, besonders die Kinder!

Herr Sosna war am Hauptbahnhof, bei der „Zugauskunft" (Information). Dort gibt es ein Heft mit den „Städteverbindungen".

Familie Sosna fährt Freitag. Am Freitag kommt Herr Sosna um drei von der Arbeit nach Hause. Herr Lang will sie am Abend in Köln am Hauptbahnhof abholen.
Hier sind die Zugverbindungen Kassel – Köln. „Welchen Zug nehmen wir?", fragt Frau Sosna.

GR S. 83; 84

Kassel

km 284		→	Köln	
	ab	Zug	an	Bemerkungen
Ⓖ	4.13 D	2199	8.45	♀ U Gießen E
	6.00 D	1577	9.45	↑ U Gießen
Ⓕ	7.08 D	2648	10.51	U Hamm IC U Dortm ♀
Ⓕ	7.08 D	2648	11.00	U Hamm IC
Ⓕ	7.08 D	2648	11.41	U Hamm E
Ⓕ	8.01 E	3896	11.51	U Hagen IC ♀
†	8.01 E	3896	11.54	U Warbg U Hamm IC
	8.01 E	3896	12.42	U Hagen
Ⓕ	9.08 D	2646	12.54	U Hamm IC ♀
Ⓕ	9.08 D	2646	13.37	U Hamm
	9.43 E	3882	13.51	U Hagen IC
	11.26 D	2644	14.54	U Hamm IC
	12.00 D	1671	15.42	U Gießen
	12.26 D	452	15.51	U Soest ♀ U Hagen IC
	12.26 D	452	16.06	♀ U Soest ♀
	13.29 D	2642	17.42	U Hamm E
Ⓗ	14.39 D	1452	18.25	U Hamm
	15.29 D	2748	18.51	U Hagen IC
	16.00 D	1677	19.45	↑ U Gießen
	17.26 D	2640	20.41	U Altenbek
	18.03 E	3888	21.51	U Hagen IC ♀
Ⓘ	19.29 D	2882	23.48	U Altenbek U Hamm N U Dortm IC

Ⓕ = ① bis ⑥, nicht 25. XII. bis 1. I., 25. bis 27. III., 1., 15. V.
Ⓖ = ✗, nicht 25. V.
Ⓗ = 25. IX. bis 5. XI. 16. bis 23. XII. 2. bis 8. I. 17. III. bis 27. V.
Ⓘ = nicht 24., 31. XII.

Zeichenerklärung:
U = umsteigen
D = Schnellzug
E = Eilzug (langsam!)
IC = Intercity; sehr schnell, aber er kostet extra (6 Mark Zuschlag pro Person in der 2. Klasse)
✗ = es gibt einen Speisewagen = Zugrestaurant
♀ = es gibt Getränke und kleine Speisen im Zug
✗ = Zug fährt nur werktags
† = Zug fährt nur am Sonntag

1 Helfen Sie!

Kassel ab: Köln an:
15.29   18.51
oder:
_____   _____
_____   _____
_____   _____

2 Wo müssen sie umsteigen? U

15.29 _____
16.00 *umsteigen in Hagen*
17.26 _____
18.03 _____

3 Wie lange fährt man von Kassel nach Köln?

15.29 *bis 18.51. 3 Stunden, 22 Minuten*
16.00 _____
17.26 _____
18.03 _____

4 Besprechen: Bahnverbindungen Kassel – Köln:

Suchen Sie auf einer Landkarte der Bundesrepublik: Wo liegen Gießen, Hamm, Dortmund, Soest, Hagen, Altenbeken?

5 Was kostet die Fahrt von Kassel nach Köln?

Fahrpreise für einfache Fahrt (Normaltarif)
Tarifstand: 1. 9. 1989

km	2. Klasse DM	1. Klasse DM	km	2. Klasse DM	1. Klasse DM	km	2. Klasse DM	1. Klasse DM	km	2. Klasse DM	1. Klasse DM
5	2,00	3,00	164	34,00	51,00	283	59,00	89,00	402	84,00	126,00
10	2,80	4,20	169	35,00	53,00	288	60,00	90,00	407	85,00	128,00
15	3,80	5,80	173	36,00	54,00	292	61,00	92,00	411	86,00	129,00
20	4,20	6,40	178	37,00	56,00	297	62,00	93,00	416	87,00	131,00
30	5,60	8,40	183	38,00	57,00	302	63,00	95,00	421	88,00	132,00
40	7,60	11,40	188	39,00	59,00	307	64,00	96,00	426	89,00	134,00
50	9,60	14,40	192	40,00	60,00	311	65,00	98,00	430	90,00	135,00
60	11,40	17,20	197	41,00	62,00	316	66,00	99,00	435	91,00	137,00
70	13,60	20,40	202	42,00	63,00	321	67,00	101,00	440	92,00	138,00
80	15,60	23,40	207	43,00	65,00	326	68,00	102,00	445	93,00	140,00
90	17,80	26,80	211	44,00	66,00	330	69,00	104,00	449	94,00	141,00
100	19,80	29,80	216	45,00	68,00	335	70,00	105,00	454	95,00	143,00
102	21,00	32,00	221	46,00	69,00	340	71,00	107,00	459	96,00	144,00
107	22,00	33,00	226	47,00	71,00	345	72,00	108,00	464	97,00	146,00
111	23,00	35,00	230	48,00	72,00	349	73,00	110,00	469	98,00	147,00
116	24,00	36,00	235	49,00	74,00	354	74,00	111,00	473	99,00	149,00
121	25,00	38,00	240	50,00	75,00	359	75,00	113,00	478	100,00	150,00
126	26,00	39,00	245	51,00	77,00	364	76,00	114,00	483	101,00	152,00
130	27,00	41,00	249	52,00	78,00	369	77,00	116,00	488	102,00	153,00
135	28,00	42,00	254	53,00	80,00	373	78,00	117,00	492	103,00	155,00
140	29,00	44,00	259	54,00	81,00	378	79,00	119,00	497	104,00	156,00
145	30,00	45,00	264	55,00	83,00	383	80,00	120,00	502	105,00	158,00
149	31,00	47,00	269	56,00	84,00	388	81,00	122,00	507	106,00	159,00
154	32,00	48,00	273	57,00	86,00	392	82,00	123,00	511	107,00	161,00
159	33,00	50,00	278	58,00	87,00	397	83,00	125,00	516	108,00	162,00

die (Fahrpreis-)ermäßigung — скидка на проезд

Frau Sosna rechnet: von Kassel nach Köln sind es 284 Kilometer.
Hin und zurück sind es 568 Kilometer.
Was kostet die Rückfahrkarte
für eine Person in der zweiten Klasse?
284 Kilometer kosten 59 Mark,
568 Kilometer kosten 118 Mark.

„Für 4 Personen kostet die Bahnfahrt
von Kassel nach Köln und zurück
472 Mark! Das geht nicht!
Das ist zu teuer!" ruft Frau Sosna.
„Das stimmt nicht", sagt Herr Sosna.
„Für Kinder gibt es Ermäßigung. Kinder
zahlen nur die Hälfte."
„Das ist auch noch zu teuer!" meint
Frau Sosna. Sie geht noch einmal
zur Bahnhofsinformation.
„Es gibt auch noch andere Möglichkeiten!
Bahnfahren ist nicht so teuer", stellt
sie dort fest.

Information

Preise der Bundesbahn
Generell gilt: Vor Antritt einer Reise Auskunft bei der Bahnhofsinformation einholen, denn es gibt sehr viele Möglichkeiten der Ermäßigung. Zum Beispiel:
Wenn man regelmäßig dieselbe Strecke fährt – zur Schule oder zur Arbeit – sind Strecken- oder Zeitkarten (Wochen- und Monatskarten) die günstigste Lösung.
Für Familien, Junioren und Senioren gibt es unter bestimmten Bedingungen Sondertarife, usw.

Цены федеральной железной дороги
Важно знать! Перед поездкой всегда надо обращаться в справочное бюро при вокзале, так как там Вы можете узнать о разных возможностях скидки на проезд. Например: Если Вы регулярно ездите по одной и той же линии, – в школу или на работу – то очень выгодно покупать проездные билеты на определенные расстояния или сезонные проездные билеты (недельные или месячные проездные билеты).
В определенных случаях семьи и люди старшего и младшего возраста могут ездить по особым тарифам.

1 Lesen Sie die Tabelle auf S. 30 und die Tabelle oben und rechnen Sie:

Was kostet
– eine Fahrt von München nach Hamburg (einfache Fahrt)?
– eine Reise von Frankfurt nach Hannover (Rückfahrkarte)?
– eine einfache Fahrt 1. Klasse von Bremen nach Kassel?
– eine einfache Fahrt 2. Klasse von Bremen nach Kassel?

2 Projekt:

Gehen Sie zur Bahnhofsinformation.
Verlangen Sie Informationen:
Welche Ermäßigungen gibt es für Familien,
Gruppen, Kinder, Jugendliche,
an welchen Tagen
und zu welchen Bedingungen?
Besprechen Sie das im Unterricht.

3 Wo wohnen Sie?

– Wie kommt man von Ihrem Ort nach München?
– Wie viele Kilometer sind es nach München?
– Wo muß man umsteigen?
– Wie lange braucht man?
– Was kostet die normale Rückfahrkarte?

4 Projekt: Welche Stadt möchten Sie gerne besuchen?

– Wie viele Kilometer sind das? Wieviel Zeit haben Sie? Wieviel Geld haben/brauchen Sie?

Verkehrszeichen

 Vorfahrt beachten — соблюдать очередность проезда

 die Vorfahrtstraße — главная улица

 das Parkverbot — стоянка воспрещена

 das Halteverbot — остановка запрещена

○ Durchfahrtverbot für Kraftfahrzeuge — запрещение проезда для автомобилей

 die Einbahnstraße — улица с односторонним движением

 der Fußgängerüberweg — пешеходная дорожка

 Bauarbeiten im Straßenbereich — строительные работы на дороге

 vorgeschriebene Fahrtrichtung links — в положенном направлении движения слева

 die Blinklichtanlage — мигающий сигнал

1 Welche Wörter kennen Sie schon?

2 Aussprache

[aː] die Vorfahrt, die Straße, die Einbahnstraße, das Fahrzeug
[a] achten, das Parkverbot, das Halteverbot, die Ampel, das Kraftfahrzeug
[oː] das Parkverbot, vorgeschrieben
[yː] der Fußgängerüberweg

3 Intonation

vór – die Vórfahrt – die Vórfahrtstraße
der Fúß – der Fúßgänger – der Fúßgängerüberweg
dúrch – die Dúrchfahrt – das Dúrchfahrtverbot
éin – die Éinbahn – die Éinbahnstraße

4 Was muß man tun? Was darf man (nicht) tun? Was soll man tun?

 Hier muß man nach links abbiegen.   _____

⊘ Hier darf man nicht parken.   _____

 Hier soll man gehen.   🅿 _____

Welche Verkehrszeichen kennen Sie noch? Was bedeuten sie?

GR S. 83; 84

5 Vier Leute machen etwas falsch.

Was ist falsch?
Man darf nicht _____

7 Autobahnen und Flughäfen in der Bundesrepublik Deutschland

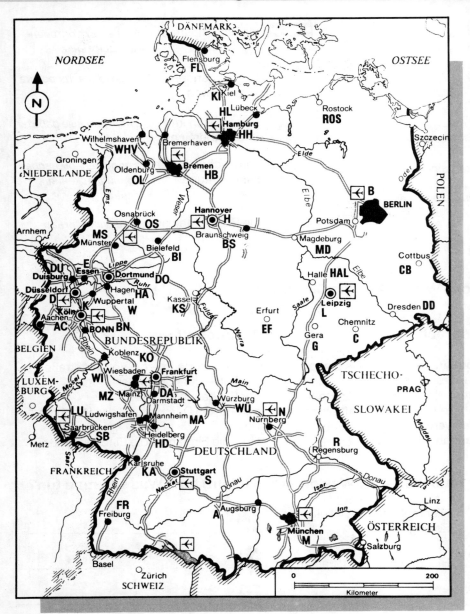

unterwegs	по дороге
Verkehrszeichen:	дорожные знаки
die Autobahn	автомагистраль
der Flughafen	аэропорт
die Autokarte	карта автомобильных дорог
das Benzin	бензин
Normal	высокооктановый
Super	сверхвысокооктановый
bleifrei	не содержащий свинца
Diesel	дизель
die Entfernung	расстояние
1000 Meter = 1 Kilometer/km	1000 метров = 1 километр/км
der Nachteil	недостаток
der Vorteil	преимущество
der Wohnort	местожительство
verbinden	связать, соединить

1 Welche Wörter kennen Sie schon?

2 Aussprache

[aː] die Autobahn, die Bundesstraße, der Flughafen, das Normalbenzin
[a] die Landkarte, die Stadt
[eː] der Kilometer
[ɛ] das Benzin, die Entfernung, die Verbindung
[iː] Diesel
[oː] der Wohnort, der Vorteil

3 Intonation

der Kilométer, das Benzín, Normálbenzin, die Entférnung

4 Welche Städte verbindet die Autobahn?

– von München nach Flensburg?
– von Basel nach Bremen?
– ...

5 Wie kann man fahren?

– von Regensburg nach Duisburg?
– von Nürnberg nach Bielefeld?
– ...

6 Auf der Autobahn kann man durchschnittlich ungefähr 90–130 Kilometer in der Stunde fahren.

Wie lange braucht man ungefähr
– von Hamburg nach Kiel?
– von Köln nach Münster?
– ...

Lesen Sie dazu wieder die Tabelle auf S. 30.

7 Benzinverbrauch:

A Ein VW Golf braucht auf 100 Kilometer ungefähr 7–8 Liter Normalbenzin.
Wieviel Benzin braucht man ungefähr
– von Berlin nach Düsseldorf?
– von Kiel nach Saarbrücken?
B Was kostet zur Zeit ein Liter Normalbenzin?
C Was kostet das Benzin für die Fahrt von Berlin nach Düsseldorf/von Kiel nach Saarbrücken?

8 Wie fahren Sie mit dem Auto von Ihrem Wohnort nach Bonn? Nach ...?

9 Besprechen:

Auto oder Bahn? Vorteile/Nachteile!

Bahn		Auto	
Vorteile	Nachteile	Vorteile	Nachteile
bequemer		*schneller*	

Grammatik

Modalverben *Модальные глаголы*

	können	wollen	müssen	sollen	dürfen	mögen	mögen ⚠
ich	kann _	will _	muß _	soll _	darf _	mag _	möcht e
du	kann st	will st	muß t	soll st	darf st	mag st	möcht est
Sie	könn en	woll en	müss en	soll en	dürf en	mög en	möcht en
er/sie/es	kann _	will _	muß _	soll _	darf _	mag _	möcht e
wir	könn en	woll en	müss en	soll en	dürf en	mög en	möcht en
ihr	könn t	woll t	müß t	soll t	dürf t	mög t	möcht et
sie	könn en	woll en	müss en	soll en	dürf en	mög en	möcht en

⚠ Die Modalverben im Präsens sind in der 1. und 3. Person Singular endungslos.

Außer „sollen" und der „möchte"-Form von „mögen" tritt bei allen Modalverben ein Vokalwechsel auf.

В настоящем времени модальные глаголы в 1 л. и в 3 л. единственного числа не имеют личных окончаний (кроме „möchte").

У всех модальных глаголов кроме „sollen" и формы „möchte" от глагола „mögen" встречается чередование гласных.

A Modalverb = Vollverb

wollen	○ Wollen Sie eine Cola?	● Nein, ich will lieber einen Saft.
können	○ Kannst du die Wörter?	● Ja, ich kann die Wörter auswendig.
müssen	○ Müssen Sie schon weg?	● Nein, ich muß noch nicht weg.
mögen	○ Mögen Sie Blumen?	● Ja, ich mag Blumen sehr gern.
mögen	○ Möchten Sie ein Bier?	● Ja, ich möchte ein Pils.

⚠ Die Modalverben können im Satz als Vollverben auftreten.

В предложении модальные глаголы могут встречаться в качестве полнознаменательных глаголов.

Grammatik

B Modalverb = Hilfsverb; Satzklammer

Aussagesatz

Wir	wollen	nach München	fahren.
Ihr	könnt	jetzt nach Hause	gehen.
Ich	muß	sehr lange	warten.
Ihr	sollt	am Abend	kommen.
Ich	mag	gerne Tennis	spielen.
Wir	möchten	bald zu euch	kommen.
Wir	dürfen	morgen	mitfahren.

Satzfrage

Wollt	ihr	nach München	fahren	?
Können	wir	jetzt nach Hause	gehen	?
Mußt	du	noch lange	warten	?
Sollen	wir	am Abend	kommen	?
Magst	du	auch gern Tennis	spielen	?
Möchtet	ihr	auch zu uns	kommen	?
Dürft	ihr	morgen auch	mitfahren	?

Wortfrage

Wer	will	nach München	fahren	?
Wer	kann	jetzt nach Hause	gehen	?
Wer	muß	noch lange	warten	?
Wer	soll	am Abend	kommen	?

⚠ Die Modalverben erscheinen als Hilfsverben immer zusammen mit einem Verb in der Infinitivform.
Wortfolge:
Im Aussagesatz und in der Wortfrage nimmt das Modalverb die zweite Position ein; in der Satzfrage die erste.
Der Infinitiv steht immer am Satzende.

В качестве вспомогательных глаголов модальные глаголы всегда употребляются совместно с глаголом в неопределенной форме.
Порядок слов:
В повествовательном предложении и в предложениях, в которых вопрос начинается с вопросительного слова, модальный глагол употребляется на втором месте; в предложениях, в которых вопрос начинается с глагола – на первом месте.
Неопределенная форма глагола всегда употребляется в конце предложения.

Ü1 Was mag und was möchte Frau Sliva?

Tennis – Tomaten – Reisen – Fisch – Taschen – Bücher – Blumen – Schokolade

spielen – essen – fahren – lesen – pflanzen – essen – kaufen – kaufen

1. Frau Sliva mag _Tennis. Deshalb möchte sie Tennis spielen._
2. Sie mag _____. Deshalb _____
3. Sie mag _____
4. _____
5. _____

Ü2 Fragen Sie Ihren Nachbarn/Ihre Nachbarin.

Beispiel: heute abend, dürfen, tanzen gehen, wir
Dürfen wir heute abend tanzen gehen?

1. rauchen, hier, darf, ich
2. wir, fotografieren, hier, dürfen
3. Autos, dürfen, halten, hier
4. darf, essen, ich, einen Apfel
5. die Kinder, dürfen, hier, nicht spielen
6. ich, nehmen, Torte, darf, ein Stück
7. zumachen, die Tür, ich, darf
8. wir, besuchen, nächste Woche, dürfen, Sie

Ü3 Bilden Sie Fragen mit dem Verb „können".

Beispiel: schreiben und lesen, das Kind
Kann das Kind schreiben und lesen?

1. kommen, ihr, übermorgen
2. Sie, bar bezahlen, das Auto
3. bringen, das Bier, Sie
4. ihr, aufräumen, das Zimmer
5. Tennis, du, spielen
6. nicht mehr, Sie, warten

1 Gesundheit/Krankheit

Augen, Ohren, Hände, Füße, ...: Die Körperteile

Die inneren Organe

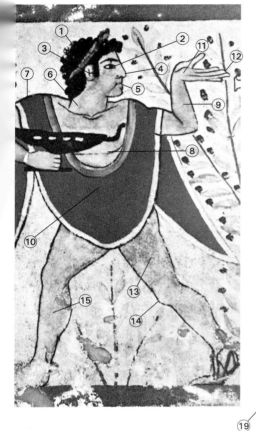
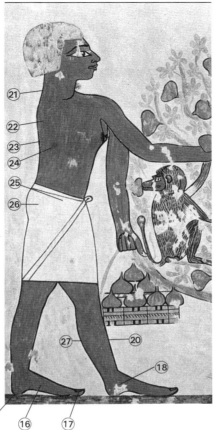
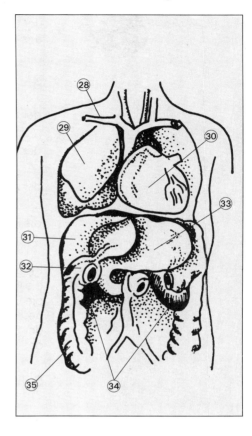

1 der Kopf	голова	
2 das Auge	глаз	
3 das Ohr	ухо	
4 die Nase	нос	
5 der Mund	рот	
6 der Hals	шея	
7 die Schulter	плечо	
8 die Brust	грудь	
9 der Arm	рука	
10 der Bauch	живот	
11 die Hand	рука/кисть	
12 der Finger	палец руки	
13 der Oberschenkel	бедро	
14 das Knie	колено	

15 der Unterschenkel	голень
16 der Fuß	нога
17 die Zehe	палец ноги
18 der Knöchel	лодыжка
19 die Ferse	пятка
20 das Schienbein	большеберцовая кость
21 der Nacken	затылок
22 der Rücken	спина
23 die Wirbelsäule	позвоночник
24 das Kreuz	поясница
25 die Hüfte	бедро
26 das Gesäß/der Po	ягодицы/мягкое место

27 die Wade	икра
das Organ	орган
die inneren Organe	внутренние органы
28 die Schlagader	артерия
29 die Lunge	легкие
30 das Herz	сердце
31 die Leber	печень
32 die Gallenblase	желчный пузырь
33 der Magen	желудок
34 die Niere	почка
35 der Darm	кишка

1 Welche Wörter kennen Sie schon?

2 Aussprache

[o:] das **O**hr, der **O**berschenkel
[ɔ] der K**o**pf, das **O**rgan
[a:] die N**a**se, die Schl**a**gader, die Bl**a**se, der M**a**gen, die W**a**de, das Org**a**n
[a] der H**a**ls, der **A**rm, die H**a**nd, die G**a**lle, der D**a**rm, der N**a**cken
[u] die Sch**u**lter, der M**u**nd, die Br**u**st

[i:] das Kn**ie**, das Sch**ie**nbein, die N**ie**re
[i] der F**i**nger, die W**i**rbelsäule
[u:] der F**u**ß
[e:] die Z**e**he, die L**e**ber
[ɛ] die F**e**rse, das H**e**rz
[y] der R**ü**cken, die H**ü**fte
[ɔi] das Kr**eu**z

85

3 Intonation

der Óberschenkel, das Schíenbein, die Schlágader, die Gállenblase, die Wírbelsäule, das Orgán

4 Was gehört zusammen?

der Kopf: *das Auge, das Ohr,* der Oberkörper: *Brust, Aorta, Lungen, Herz*

der Bauch: *Magen, Niren, Darm, Gallenblase.* der Rücken: *Nacken, Schulter, Bläter, Wirbelsäul*

der Arm: *Unterarm, Hand, Fingen, Oberarm, W-bogen.* das Bein: *Zehen, Ferse, Fußsohle, Bus rücke*

die inneren Organe: _____

Krankheiten/Verletzungen Болезни/травмы; повреждения; ранения

die Grippe	грипп	die Entzündung	воспаление
die Erkältung	простуда	der Durchfall	понос
der Husten	кашель	die Verstopfung	запор
der Schnupfen	насморк	die Prellung	ушиб
das Fieber	температура	die Zerrung	растяжение

5 Finden Sie zusammen noch mehr Wörter für Krankheiten.

6 Ich bin krank:

○ Was hast du denn? / Was fehlt dir denn?
● Ich bin krank. / Mir geht es nicht gut.

Ich habe | Hals / Kopf / Bauch / Magen / Rücken / … schmerzen.   Mein | Hals / Kopf / Bauch / Magen / Rücken tut weh.   Mir tut | der Hals / der Kopf / der Bauch / der Magen / der Rücken | weh.

7 Was gehört zusammen?

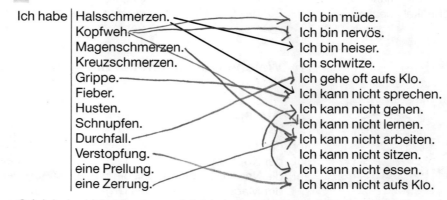

○ Ich habe Halsschmerzen. Ich bin heiser und kann nicht sprechen.
○ Ich …

GR S. 83, 1

Sie sind krank? Gehen Sie bald zum Arzt!

Wie findet man einen Arzt?
Man kann
- die Lehrerin/den Lehrer fragen
- Freunde/Bekannte/Nachbarn fragen
- in den Gelben Seiten
  des Telefonbuches nachsehen.

Info

Man sucht zuerst einen Hausarzt (Arzt für Allgemeinmedizin), der seine Praxis in der Nähe der Wohnung hat. Wenn man krank ist, geht man normalerweise zuerst zum Hausarzt.
Er entscheidet, ob man zu einem Facharzt gehen muß. Und er kommt in schweren Fällen auch in die Wohnung.

Сначала нужно пойти к домашнему врачу (терапевту), врачебная практика которого находится недалеко от Вашей квартиры. Если Вы заболели, то Вам, при обычных обстоятельствах, сначала нужно обратиться к терапевту. А он уже решит, направить ли Вас к врачу-специалисту или нет. В очень серьезных случаях врач приходит на дом.

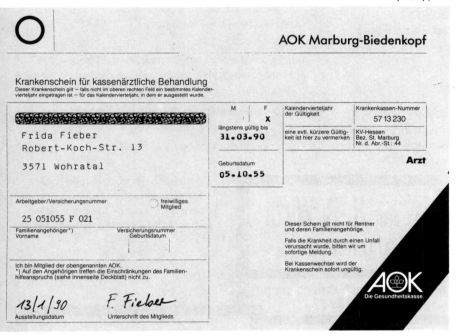

Wenn Sie zum Arzt gehen, nehmen Sie einen Krankenschein mit.

1 Wem gehört dieser Krankenschein? Wann ist Frida geboren? Bis wann ist der Krankenschein gültig?

Information

Krankenschein
Wozu braucht man einen Krankenschein? Kranksein kostet meistens viel Geld, aber keine Angst! Ihre Krankenkasse, bei der Sie regelmäßig Beiträge entrichten, trägt die meisten der Behandlungskosten.

Der Arzt, der Sie behandelt, rechnet über Ihren Krankenschein direkt mit Ihrer Krankenkasse ab.

Für jedes Vierteljahr, in dem Sie in Behandlung sind, müssen Sie jeweils einen neuen Krankenschein beim Arzt vorlegen.
Für eine zahnärztliche Behandlung benötigen Sie einen gesonderten Krankenschein.

„Больничный лист"
Зачем нужен „больничный лист"? В большинстве случаев лечение стоит много денег, но не бойтесь! Ваша больничная касса, в которую Вы регулярно платите взносы, несет почти все расходы по лечению.

Лечащий Вас врач делает расчет — на основании „больничного листа" — прямо с больничной кассой.

Лечась у врача Вам ежеквартально нужно сдавать ему „больничный лист".

Для лечения у зубного врача Вам нужен другой, особый „больничный лист".

3 Die wichtigsten Leistungen der Krankenkasse

Information

Die Krankenkasse bezahlt:

1. Ambulante Behandlung beim Arzt
2. Rezeptpflichtige Arzneimittel
   – Sie müssen 3,– DM für jedes Medikament zahlen
   – Für Kinder bis 18 Jahre kostenlos
3. Behandlung beim Zahnarzt
   (Aber bei Zahnersatz nur 50% des Gesamtaufwandes; ggf. Härtefallregelung)
4. Vorsorgeuntersuchungen
   – Für Kinder bis 6 Jahre
   – Gesundheits-Untersuchungen für Versicherte ab dem 35. Lebensjahr alle 2 Jahre
   – Krebsvorsorge für Frauen normalerweise ab dem 20. und für Männer ab dem 40. Lebensjahr.
5. Brillen
   – Zuschuß zum Gestell höchstens 20,– DM
   – Neue Brille nur bei Veränderung der Sehfähigkeit von mindestens 0,5 Dioptrien
6. Fahrtkosten unter bestimmten Umständen
7. Krankenhauskosten.

Die Bestimmungen der Krankenkassen werden immer wieder verändert. Gehen Sie bitte zu Ihrer Ortskrankenkasse (AOK) und informieren Sie sich dort.

Основные медицинские услуги больничной кассы:
Больничная касса уплачивает:

1. Амбулаторное лечение у врача
2. Лекарственные средства, отпускаемые только по рецепту
   – за каждое Вам нужно уплатить 3 марки ФРГ
   – детям до 18 лет выдаются бесплатно
3. Лечение у зубного врача
   (Но: платят только 50% надбавки к общим затратам на зубной протез; при необходимости 100%-ого оплачивания зубного протеза*)
4. Профилактическое обследование
   – для детей до 6 лет
   – медицинские обследования каждые 2 года для страхуемых, которым за 35 лет
   – профилактическое обследование на предмет возможного заболевания раком для женщин с 20 лет и для мужчин с 40 лет.
5. Очки
   – надбавка к оправе максимально 20 марок ФРГ
   – новые очки только если зрение ухудшилось на 0,5 диоптрий
6. В определенных случаях оплачивается стоимость проезда
7. Расходы по больничному лечению.

Постановления больничных касс часто изменяются. Пойдите, пожалуйста, в Вашу местную больничную кассу (АОК) и проинформируйтесь там.

Dr. med. dent. H.-R. Wirth
Zahnarzt
Sprechstunden nach Vereinbarung
Telefon 39 47 77
Alle Kassen

Dr. med. Gisela Schorre
Fachärztin f. Frauenheilkunde u. Geburtshilfe
Sprechst. Mo–Fr 9–11
und nach Vereinbarung
Alle Kassen

Dr. med. F. Webering
Facharzt f. Innere Medizin
— **Kardiologie** —
Sprechst. 9–10 u. nach Vereinbarung
Alle Kassen

---

1 Besprechen Sie: Wann gehen Sie zu welchem Arzt?

2 Suchen Sie weitere Ausdrücke für andere Fachärzte (Schilder in Ihrer Stadt; Telefonbuch).

* Но только в том случае, если Вы имеете право пользоваться постановлением на исключительный случай.

4 Nelly Karron geht zum Arzt.

A Es ist Dienstag morgen. Nelly Karron ist krank. Sie hat Kopf- und Kreuzschmerzen. Und sie hat Fieber. Sie wohnt mit ihrem Mann und ihren zwei Kindern erst seit ein paar Monaten in der Bundesrepublik, in Ingolstadt, Münchener Str. 69. Sie kennt noch keinen Hausarzt.
Wo findet sie einen Arzt?

Sie sucht im Telefonbuch. Sie findet einen Arzt:

> Möller Hanna Dr. med.
> Ärztin für Allg. Med.
> Siedlungsweg 7
> Sprstd.: Mo–Fr 9–11 u.
> 16.30–18.30 auß. Mi nachm.

Allg. Med. = Allgemeinmedizin
Sprstd. = Sprechstunde
Mo = Montag; Fr = Freitag
auß. = außer; Mi = Mittwoch
nachm. = nachmittags

Siedlungsweg? Das ist nicht weit. Frau Karron geht sofort zur Praxis.

B Bei der Anmeldung:
Frau Karron spricht mit der Sprechstundenhilfe:

○ Guten Tag.
● Guten Tag. Waren Sie schon einmal bei uns?
○ Nein, ich war noch nicht hier.
● Haben Sie einen Krankenschein?
○ Ja, hier ist er.
● Und was fehlt Ihnen denn?
○ Ich habe Kreuzschmerzen und Kopfweh und Fieber.
● Gut. Wir müssen zuerst diese Karte hier ausfüllen.

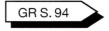
GR S. 94

die Behandlung	лечение	der Familien-	член семьи
der Patient	пациент	angehörige	
der Haupt-	главный	der Arbeitgeber	работодатель
versicherte	страхуемый	die Krankenkasse	больничная касса

1 Die Sprechstundenhilfe hat viele Fragen.
Helfen Sie Frau Karron – Füllen Sie das Anmeldeformular aus.
(Sie haben nicht alle Informationen. Welche Fragen können Sie deshalb nicht beantworten?)

○ Wie heißen Sie?
○ Ist das Ihr Familienname?
○ Sind Sie verheiratet?
○ Sind Sie oder Ihr Mann der/die Hauptversicherte?
○ Wie heißen Sie mit Vornamen?
○ Wie heißt Ihr Mann mit Vornamen?
○ Wann ist Ihr Mann geboren?
○ Ihr Geburtsdatum?
○ Wo wohnen Sie?

○ Haben Sie ein Telefon?/Wie ist Ihre Telefon-Nummer?
○ Kann man Sie telefonisch am Arbeitsplatz erreichen?
○ Was machen Sie? Welchen Beruf haben Sie?
○ Was ist Ihr Mann von Beruf?
○ Wo arbeitet Ihr Mann? Wie heißt sein Arbeitgeber?
○ Wo arbeiten Sie? Wie heißt Ihre Firma?
○ Bei welcher Krankenkasse sind Sie?
○ Bei welcher Krankenkasse ist Ihr Mann?

ANMELDUNG für neu in Behandlung tretende Patienten!

HAUPTVERSICHERTER	FAMILIENANGEHÖRIGER
Name	Name
Vorname	Vorname
Geb.-Datum	Geb.-Datum
Wohnort	Wohnort
Straße	Straße
Tel. privat _____ Tel. beruflich	Telefon
Beruf	Beruf
Arbeitgeber	Arbeitgeber
Krankenkasse	Krankenkasse

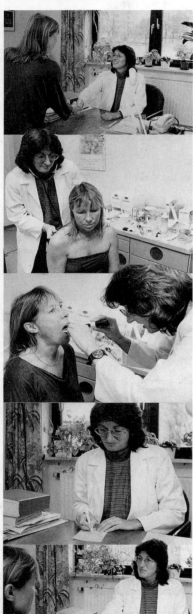

2 Hören Sie nun die weiteren Gespräche bei der Ärztin.

○ Vielen Dank. Dort drüben ist das Wartezimmer. Ich rufe Sie dann!
—

Frau Karron wartet eine Viertelstunde.
Dann kommt die Sprechstundenhilfe:
○ Frau Karron, bitte Sprechzimmer 2.
—

● Guten Tag, Frau Karron. Ich bin Frau Dr. Möller.
▲ Guten Tag, Frau Doktor.
● Bitte setzen Sie sich. Na, was fehlt Ihnen denn? Erzählen Sie.
▲ Ich habe Kopf- und Kreuzschmerzen. Ich habe eine Erkältung, und ich habe auch Fieber.
● Wie lange haben Sie die Schmerzen schon?
▲ Die Erkältung habe ich seit einer Woche, die Kopfschmerzen und das Fieber seit gestern.
● Bitte machen Sie Ihren Oberkörper frei. Ich möchte Sie untersuchen. – So, einmal tief durchatmen. – Noch einmal!

Die Ärztin untersucht Frau Karron. Sie hört die Brust und den Rücken ab.

● So, ziehen Sie sich bitte wieder an. Ich schaue mir noch Ihren Hals an. Bitte den Mund ganz weit aufmachen und „aah" sagen.
▲ aaaah!
● Also, Sie haben eine Grippe.

Frau Dr. Möller schreibt.

● Hier ist ein Rezept. Die Tabletten dreimal täglich eine, dreimal am Tage einen Teelöffel Saft.
Ihr Mann soll die Medizin aus der Apotheke holen.
Sie müssen sofort ins Bett! Sie brauchen Ruhe!
▲ Ja, aber meine Kinder, meine Familie braucht mich...
● Ihr Mann kann Ihnen helfen. Oder eine Nachbarin.
Sie brauchen unbedingt Ruhe!
Kommen Sie bitte in drei Tagen wieder vorbei.
Aber vielleicht haben Sie dann noch Fieber. Dann komme *ich*.
Ich mache auch Hausbesuche.
Also dann, auf Wiedersehen, Frau Karron.
▲ Danke, auf Wiedersehen.

3 Beantworten Sie die Fragen:

1. War Frau Karron schon einmal bei Dr. Möller?
2. Warum geht sie zur Ärztin? Was fehlt ihr?
3. Was gibt Frau Karron der Sprechstundenhilfe?
4. Wie lange muß sie warten?
5. Was macht die Ärztin?
6. Welche Medizin bekommt Frau Karron?
7. Wer soll zur Apotheke gehen?
8. Wann soll sie wiederkommen?
9. Kommt Frau Dr. Möller auch zu Frau Karron?

GR S. 83+93

4 Sehen Sie nur die Bilder auf S. 90 an, und berichten Sie über die Untersuchung bei Frau Dr. Möller.

5 Spielen Sie dann das Gespräch.

Das sagt der Arzt oft:	Что часто говорит врач, обращаясь к больному:
„Wie lange haben Sie | die Schmerzen? | das Fieber schon?"	„Как долго у Вас уже | боли? | температура?"

„Tut es hier weh?" „Тут болит?"
„Wo tut es weh?" „Где болит?"
„Bitte den Oberkörper frei machen!" „Разденьтесь, пожалуйста, до пояса!"
„Machen Sie mal den Mund auf!" „Откройте-ка рот!"
„Tief einatmen! Ganz ruhig!" „Вдыхайте глубоко! Теперь дышите спокойно!"
„Halten Sie jetzt den Atem an!" „Задержите дыхание!"
„Legen Sie sich jetzt auf die Liege!" „А сейчас, прошу Вас лечь на кушетку!"
„Sie bekommen jetzt eine Spritze!" „Сейчас Вам сделают укол!"
„Hier ist Ihr Rezept. Gehen Sie damit zur Apotheke!" „Вот Ваш рецепт. Идите с ним в аптеку."
„Kommen Sie in 2 Tagen wieder!" „Придите опять через 2 дня."

5 Mehrmals täglich Tabletten...

Wie oft? + immer
↑ oft/häufig
   manchmal
   ab und zu
↓ selten
– nie

Herr Henschel muß im Deutschkurs sehr viel lernen! Er ist oft nervös, und er kann sich nicht konzentrieren. Er hat häufig Kopfweh.
Dann nimmt er eine Tablette oder auch zwei...
Heute sind die Kopfschmerzen besonders schlimm. Herr Henschel trinkt viel Kaffee, und er raucht auch viel. Er nimmt wieder zwei Kopfschmerztabletten.
Aber das Kopfweh hört heute nicht auf.
Am Nachmittag kommt er nicht mehr zum Deutschkurs. Er geht zum Arzt.

Der Arzt fragt: Herr Henschel antwortet:

○ Was fehlt Ihnen denn? • *Ich habe Kopfschmerzen. Ich kann mich nicht...*

○ Haben Sie oft Kopfschmerzen? • _____
○ Nehmen Sie häufig Tabletten? • _____
○ Rauchen Sie viel? • _____
○ Trinken Sie viel Kaffee? • _____
○ Essen Sie immer in Ruhe? • _____
○ Wie viele Stunden am Tag lernen Sie? • _____
○ Sind Sie oft müde? • _____

1 Besprechen und Spielen

Ihre Lehrerin/Ihr Lehrer ist die Ärztin/der Arzt. Sie sind seit 2 Tagen krank.
Sie sind in der Sprechstunde. Sie haben... Sie brauchen...

6 Herr Bohne war von 9–10 Uhr beim Zahnarzt. *С 9–10 часов господин Боне был у зубного вр*

Er hat nicht gearbeitet. Der Zahnarzt schreibt ihm eine Bestätigung für seinen Chef:

Он не работал. Врач дал ему письменное подтверждение, которое он должен предъявить своему работодателю:

Bestätigung

~~Herr~~ *Karl Bohne*
~~Frau~~
~~Fräulein~~

ist heute in meiner Sprechstunde in der Zeit von **9** Uhr bis **10** Uhr behandelt worden und muß zwecks Weiterbehandlung am **Donnerstag, 14. 3. 90** um **10.30** Uhr wieder erscheinen.

Den **7. 3.** 19**90**

Dr. Nohlde

Stempel und Unterschrift

Info

Ein Entschuldigungsbrief
Wenn ein Kind krank ist und nicht zur Schule gehen kann, müssen die Eltern spätestens am dritten Tag in der Schule anrufen oder eine Entschuldigung schicken.

Извинительное письмо
Если ребенок заболел и не может пойти в школу, то родители должны не позже чем через 3 дня позвонить туда или послать оправдательную записку.

Landshut, den 24.1.1990

Sehr geehrter Herr Graf,
meine Tochter Michaela kann wegen einer Erkältung den Unterricht nicht besuchen.
Ich bitte, ihr Fernbleiben zu entschuldigen.
Mit freundlichen Grüßen
Irmgard Leipold

1 Lesen Sie die folgenden Stichwörter und schreiben Sie einen Entschuldigungsbrief:

Lehrer/Lehrerin	Tochter/Sohn	Grund	Dauer
Herr Graf	Michaela	Erkältung	2 Tage
Frau Berger	Maria	Fieber	1 Tag
Frau Eder	Kurt	Grippe	noch 2 Wochen
Herr Rust	Herbert	Durchfall/	1 Woche
Herr Dr. Eichler	Christian	Darminfektion	seit Donnerstag
		Kopfweh	

Grammatik

1 Modalverben — Модальные глаголы

Das Modalverb bringt zum Ausdruck:
Модальный глагол выражает:

A können
Ich <u>kann</u> Auto fahren. Du auch?
— eine Fertigkeit/Fähigkeit
ловкость/способность

B müssen
Die Kinder <u>müssen</u> noch Hausaufgaben machen.
— die Notwendigkeit eines Sachverhalts
необходимость

C wollen
Er <u>will</u> heute abend ausgehen.
— die Absicht, etwas zu tun
намерение

D dürfen
Ab 18 <u>darf</u> man Auto fahren und wählen.
— die Berechtigung zu etwas
право

E sollen
Ihr <u>sollt</u> ruhig sein und lernen!
— eine Aufforderung/ein Befehl/Gebot
предложение/приказ/повеление

F mögen
<u>Mögen</u> Sie Theater?
Ich <u>möchte</u> gern verreisen.
— etw. oder jmd. mögen/gern haben
— einen Wunsch
желание

Ü1 Beantworten Sie die Fragen:

Beispiel: ○ Was wollen Sie heute nachmittag machen? (schwimmen/aufräumen)
● Heute nachmittag will ich schwimmen, aber vorher muß ich aufräumen.

1. Was wollen Sie heute abend machen?
   (fernsehen/Hausaufgaben machen)
2. Was wollen Sie am Wochenende machen?
   (verreisen/das Auto reparieren)
3. Was wollen Sie nach dem Deutschkurs machen?
   (ausruhen/einen Arbeitsplatz suchen)
4. Wann wollen Sie Ihre Bekannten ... besuchen?
   (im Juli/das Fahrgeld sparen)
5. Wann wollen Sie aufstehen?
   (um 11.55 Uhr/um 6.30 Uhr)
6. ... (...)

Ü2 Setzen Sie bitte folgende Modalverben ein:

wollen, müssen, können, dürfen, mögen, mögen

○ Ich _____ noch Blumen kaufen.
● Warum _____ das jetzt noch sein?
○ Meine Frau hat Geburtstag, und ich _____ ihr Blumen schenken.
● Ich _____ mitkommen. _____ ich?
○ Gut! Weißt du wo man schöne Blumen kaufen _____ ?
● Ja, im Blumenladen „Kraut".
Welche Blumen _____ du kaufen?
○ Ich _____ 30 weiße Rosen kaufen.
● Warum nur weiße?
○ Meine Frau _____ nur weiße Rosen.

Grammatik

2 Das Präteritum der Verben „sein" und „haben"
Спряжение глаголов „sein" и „haben" в претерите

sein		Beispiele
1. ich	war	Vor einem Jahr <u>war</u> ich noch in Polen.
2. du	warst	Wo <u>warst</u> du gestern abend?
Sie	waren	<u>Waren</u> Sie schon im Museum?
3. er/sie/es	war	Der Unterricht <u>war</u> sehr langweilig.
1. wir	waren	Nach der Arbeit <u>waren</u> wir müde.
2. ihr	wart	<u>Wart</u> ihr schon in Italien?
Sie	waren	<u>Waren</u> Sie vorgestern im Theater?
3. sie	waren	Sie <u>waren</u> vorige Woche krank.

haben		Beispiele
1. ich	hatte	Ich <u>hatte</u> keine Zeit!
2. du	hattest	Aber du <u>hattest</u> Zeit!
Sie	hatten	<u>Hatten</u> Sie früher ein Haus?
3. er/sie/es	hatte	Sie <u>hatte</u> früher langes Haar.
1. wir	hatten	Wir <u>hatten</u> Probleme bei der Übersiedlung.
2. ihr	hattet	<u>Hattet</u> ihr gestern Unterricht?
Sie	hatten	<u>Hatten</u> Sie auch Probleme bei der Übersiedlung?
3. sie	hatten	Sie <u>hatten</u> kein Geld.

Im Gegensatz zum Polnischen (bzw. Russischen) hat das Deutsche drei Zeitformen, die Vergangenes ausdrücken. Eine von ihnen ist das Präteritum, das bereits abgeschlossene Sachverhalte in der Vergangenheit ausdrückt.

В отличие от русского языка в немецком языке имеются три временные формы, выражающие прошедшее время. Одной из них является претерит, указывающий на то, что действие завершено в прошлом.

Es war einmal ein König...

Жил-был король...

Im Präteritum werden die deutschen Verben (anders als im Polnischen bzw. Russischen) nicht nach Geschlecht verändert. Es gibt nur eine Differenzierung nach Personen und Singular–Plural.

В претерите немецкие глаголы (иначе чем в русском языке) изменяются не по родам, а по лицам и по числам (единственное число и множественное число).

Ü Berichten Sie.

○ Waren Sie in Polen/in der Sowjetunion oft beim Arzt?
  ● Ich war oft .../Ich war nicht oft ...
○ Waren Sie in der Bundesrepublik schon beim Arzt?
  ● Ich war schon .../Ich war noch nicht ...

○ Welche Krankheiten hatten Sie?
  ● Ich hatte .../Ich hatte keine ...
○ Welche Kinderkrankheiten hatten Ihre Kinder bisher?
  ● Meine Kinder hatten .../Meine Kinder hatten bisher keine ...

3 Pluralbildung: Manche Substantive gibt es nur im Plural.

Beispiele:
die Ferien — Die Schüler haben sechs Monate Ferien.
die Eltern — Meine Eltern leben in Nürnberg.
die Kosten — Die Kosten für ein Haus sind hoch.
die Leute — Im Geschäft sind viele Leute.

die Lebensmittel — Herr Sliva schickt Lebensmittel nach Polen.
die Schulden — Familie Sosna hat kein Geld und will ein Auto kaufen. Sie macht Schulden.

1 Elena Gruscha: früher und jetzt

10

Das ist Elena Gruscha. Sie lernt Deutsch im Deutschkurs.

Elena Gruscha ist 26 Jahre alt. Sie ist in Poznań (Posen) geboren. Sie hat dort die Schule besucht und dann eine Ausbildung als Erzieherin gemacht. Dann hat sie 5 Jahre in einem Kindergarten gearbeitet. Auf die Ausreisegenehmigung hat sie 2 Jahre gewartet.

In der Bundesrepublik ist sie seit fast 3 Jahren. Mit der deutschen Sprache hat sie am Anfang große Schwierigkeiten gehabt. Sie hat zuerst 10 Monate Deutsch gelernt und dann freiwillig noch einmal einen Deutschkurs gemacht. Jetzt hat sie eine Stelle in einem Kindergarten.

1 Lesen Sie den deutschen Text. Was verstehen Sie?

Елене Грушевой 26 лет. Она родилась в Познане. Там она посещала школу, а потом училась, чтобы получить профессию воспитателя. По окончании учебы она 5 лет работала в детском саду. Разрешения на выезд она ждала 2 года.
В Федеративной Республике Германии она уже почти 3 года. С немецким языком у нее вначале были большие трудности. Сначала она 10 месяцев училась немецкому языку, а потом добровольно закончила еще один курс немецкого языка. Сейчас она работает в детском саду.

2 Suchen Sie die Wörter im polnischen (bzw. russischen) Text:

ist geboren	родилась
die Schule besuchen	школа посещать
die Ausbildung machen	получить образование
arbeiten	работа
die Ausreisegenehmigung	разрешение на выезд
warten	ждать
das Jahr	год
der Monat	месяц
die Schwierigkeit	трудности
lernen	учиться
freiwillig	добровольно
die Stelle	стоит
der Kindergarten	детсад

3 Besprechen Sie dann die Fragen:

– Wo hat Frau Gruscha die Schule besucht?
– Welche Ausbildung hat sie gemacht?
– Wo hat sie dann gearbeitet?
– Wie lange hat sie dort gearbeitet?
– Wie lange hat sie auf ein Visum gewartet?
– Was hat sie dann gemacht?
– Und was macht sie jetzt?

> GR S. 100, 1+2

○ Was hat Frau Gruscha in Poznań gemacht?

● Sie hat dort die Schule besucht.
  Sie hat eine Ausbildung gemacht.
  Sie hat in einem Kindergarten gearbeitet.
  Sie hat lange auf das Visum gewartet.

○ Und dann? Wie war es in der Bundesrepublik?

● Sie hat am Anfang Schwierigkeiten gehabt.
  Sie hat Deutsch gelernt.
  und sie hat noch einen Deutschkurs gemacht.

2 Ludwig Lang und seine Familie

Familie Lang in ihrer neuen Wohnung

Die Familie von Ludwig Lang hat vor dem 2. Weltkrieg in Odessa gelebt. Dann hat man die ganze Familie nach Dschambul in Kasachstan geschickt. Dort ist Ludwig Lang 1953 geboren.

Er erzählt: „Zu Hause haben wir immer nur Deutsch geredet." Herr Lang spricht ziemlich gut Deutsch. „Wir haben uns immer als Deutsche gefühlt".

Er hat von 1968 bis 1970 eine Mechanikerlehre gemacht, dann 12 Jahre in einem Betrieb gearbeitet und dann weitergelernt: er hat eine Ausbildung als Elektrotechniker absolviert.

Das Ausreisevisum hat er vor 6 Jahren beantragt. Sie haben vorher lange in der Familie darüber diskutiert. Dann haben sie den Ausreiseantrag gestellt. Sie haben lange nichts mehr gehört: „Das hat mich viele Nerven gekostet!" sagt Herr Lang. „Wir haben viel mitgemacht! Das war schwierig."

„Im April 1989 sind wir im Lager Friedland gewesen. Dann haben wir ein halbes Jahr in einem Wohnwagen gewohnt. Aber dann habe ich eine Stelle als Mechaniker und eine Dreizimmerwohnung gekriegt!", erzählt Herr Lang. „Die Wohnung haben wir jetzt schon sehr gemütlich eingerichtet".

1 Lesen Sie den deutschen Text. Haben Sie alles verstanden?

До начала Второй мировой войны семья Людвига Ланга жила в Одессе. Потом вся семья была сослана в Джамбул, который находится в Казахстане. В 1946 году там родился Людвиг Ланг. Он рассказывает: „Дома мы всегда говорили только по-немецки". Господин Ланг довольно хорошо говорит по-немецки. „Мы всегда чувствовали себя немцами".
С 1962 – 1965 гг он учился, чтобы стать механиком, потом 12 лет работал на одном предприятии, а потом учился дальше: и стал электротехником.
Заявление на выезд за границу он подал уже 6 лет назад. Сначала это намерение долго обсуждалось в семье. Потом подали заявление. Ответа долго не получали: „Это стоило много нервов!" говорит господин Ланг. „Мы многое пережили на своем веку! Было очень трудно!"
„В апреле 1989 года мы прибыли во фридландский лагерь, принимающий переселенцев. Потом полгода пробыли в жилом автоприцепе. Спустя некоторое время я поступил на работу механиком и получил трехкомнатную квартиру!", рассказывает господин Ланг. „Квартиру мы уже очень уютно обставили".

2 Suchen Sie die Wörter im polnischen (bzw. russischen) Text:

leben	_____	diskutieren	_____
schicken	_____	der Ausreiseantrag	_____
reden	_____	hören	_____
sprechen	_____	der Wohnwagen	_____
fühlen	_____	die Dreizimmerwohnung	_____
die Lehre	_____		
der Betrieb	_____		

3 Fragen zu Anton Lang:

– Wo hat er | gelebt? / gewohnt? / …

– Wann hat er | die Ausbildung gemacht? / das Visum beantragt? / …

– Wie lange hat er | gewartet? / im Wohnwagen gewohnt? / …

4 Herr Lang erzählt:

Meine Familie	hat	vor dem 2. Weltkrieg in Odessa	ge**leb**t.
Man	hat	die Familie nach Kasachstan	ge**schick**t.
Zu Hause	haben	wir immer nur Deutsch	ge**red**et.
Wir	haben	uns immer als Deutsche	ge**fühl**t.

GR S. 100, 1+2

10

5 Erzählen Sie weiter für Herrn Lang:

Ich habe zuerst eine Mechanikerlehre gemacht. Dann habe ich 12 Jahre in einem Betrieb gearbeitet. Und dann habe ich ...

6 Fragen Sie Ihre Nachbarin/Ihren Nachbarn nach ihrer/seiner „Biografie"

– Wo | haben Sie | ...?   – Wann | haben Sie | ...?   – Wie lange | haben Sie | ...?
　　| hast du |　　　　　　　　| hast du |　　　　　　　　　| hast du |

7 Erzählen Sie selbst Ihre „Biografie":

Ich bin ... geboren. Wir haben in ... gewohnt. Ich bin von Beruf ...
Ich habe eine Ausbildung als ... gemacht. Ich habe ... Jahre als ... gearbeitet.
In die Bundesrepublik bin ich ... eingereist. Ich bin zuerst in ... gewesen.
Dann haben wir in ... gewohnt. Jetzt wohnen wir in ... (Adresse).

8 Was hat Frau Weitzel den ganzen Tag gemacht?

Frau Weitzel ist Hausfrau. Ihr Mann arbeitet als Maschinist. Sie haben 2 Kinder.
Am Abend fragt ihr Mann: „Was hast du heute den ganzen Tag gemacht?"
Sie antwortet: „Ich habe fast den ganzen Tag gearbeitet".

„Von neun bis zehn habe ich im Supermarkt eingekauft.

Dann habe ich die Wohnung geputzt und die Betten gemacht.

Dann habe ich das Mittagessen gekocht. Das hat bis zwölf gedauert.

Um zwölf Uhr habe ich Lissy vom Kindergarten abgeholt.

Am Nachmittag habe ich zuerst mit Sven Hausaufgaben gemacht. Dann habe ich Englisch gelernt.

Dann habe ich mit Lissy gespielt und mit ihr ein paar Bilder gemalt.

Um 16 Uhr hat mich Frau Müller besucht. Wir haben uns Kaffee gekocht und erzählt.

Und von 17–18 Uhr habe ich gebügelt."

GR S. 100, 3+5

9 Erzählen Sie:

Was hat Frau Weitzel heute gemacht?

Zuerst   hat sie eingekauft.
Dann   hat sie ...
Danach   hat sie ...
Um ... Uhr hat sie ...
Von ... bis ... Uhr hat sie ...

10 Erzählen Sie:

Was haben Sie | gestern | gemacht?
　　　　　　　| letzte Woche |
　　　　　　　| letztes Jahr |
　　　　　　　| am Montag |
　　　　　　　| im Januar |
　　　　　　　| ... |

3 Wo bist du so lange gewesen?

Es ist Mittag. Herr Kugler ist seit einer halben Stunde zu Hause. Seine Frau ist nicht da. Herr Kugler muß um halb zwei wieder im Büro sein. Er hat Hunger. Aber er kocht nicht selbst. Er geht nicht in die Küche.
Endlich kommt seine Frau mit vielen Einkaufstaschen!

○ Hör mal, wo bist du denn so lange gewesen?!

● Entschuldige, bitte.
Zuerst bin ich beim Arzt gewesen. Da habe ich eine halbe Stunde gewa...

Dann bin ich im Supermarkt gewesen und habe eingekauft.
Das hat fast eine Stunde gedauert.

Danach bin ich beim Finanzamt gewesen. Da waren ziemlich viele Leute
Und ich habe wieder lange gewartet!
Und jetzt hilf mir schnell beim Tischdecken.

○ Wo bist du so lange gewesen?	● Zuerst bin ich beim Arzt gewesen.
Was hast du so lange gemacht?	Dann bin ich im Supermarkt gewesen.
Wo warst du so lange?	Danach bin ich beim Finanzamt gewesen.

GR S. 101,4

4 Was habt ihr am Sonntag gemacht?

Dorothea Hammer erzählt:

Wir sind sehr faul gewesen! Bis 9 Uhr sind wir im Bett geblieben. Wir sind erst um halb neun aufgewacht.
Um 9 Uhr sind wir aufgestanden.
Um halb elf sind wir in die Kirche gegangen.
Dann sind wir zu Müllers gefahren. Die Sigorskis sind auch gekommen.
Um 15 Uhr sind wir eine Stunde lang spazierengegangen.
Um 18 Uhr sind wir wieder heimgefahren.

○ Und was habt *ihr* gemacht?	● Wir	sind nicht so lange im Bett	geblieben.
Wo seid *ihr* gewesen?	Wir	sind schon um sieben Uhr	aufgestanden.
	Wir	sind zum Bahnhof	gegangen.
	Wir	sind dann in die Berge	gefahren.
	Müllers	sind auch	mitgekommen.
	Um 20 Uhr	sind wir wieder nach Hause	gefahren.
	Und um 22 Uhr	sind wir zu Hause	gewesen.

1 Dorothea Hammer schreibt in ihr Tagebuch.
Schreiben Sie weiter.

Sonntag, 28. Juni
sehr faul gewesen,
geschlafen bis halb
neun, bis neun Uhr
im Bett geblieben,
dann gefrühstückt

wie immer, um halb elf
zur Kirche gegangen ...

2 Und *Sie*? Was haben *Sie* am Wochenende gemacht?

5 Die Verwandten

Der Stammbaum

Die Kinder:	Ewald	Brigitte	Dorothea
Die Eltern:		Helmut K. – Mirella K.	
Die Großeltern:	Heinrich K. Margarete K.		Hans Pieruszka Eva Pieruszka

Die Familie Kaminski

Die Familie Kaminski lebt seit 5 Monaten in der Bundesrepublik. Der Vater heißt Helmut, die Mutter heißt Mirella, die Kinder heißen Ewald, Brigitte und Dorothea. Sie wohnen in einem Wohnheim in Dortmund.
Die Eltern von Herrn Kaminski leben schon lange in der Bundesrepublik. Sie wohnen auch in Dortmund. Die Schwiegereltern von Herrn Kaminski – der Vater und die Mutter von Mirella Kaminski – leben in Polen. Ihr Vater arbeitet bei der Post, ihre Mutter arbeitet bei einer Zeitung. Die Eltern von Mirella bleiben in Polen. Mirella und die Kinder sind deshalb sehr traurig.

1 Was ist richtig? Was ist falsch?

	richtig	falsch
1. Die Familie heißt Kaminski.		
2. Familie K. wohnt in Bremen.		
3. Die Eltern von Helmut K. wohnen in Dortmund.		
4. Die Schwiegereltern von Helmut K. wohnen in Polen.		
5. Herr Pieruszka arbeitet bei einer Zeitung.		
6. Herr und Frau Pieruszka wollen in die Bundesrepublik ausreisen.		
7. Die Kaminskis haben vier Kinder.		
8. Die Großmutter Pieruszka hat drei Enkelkinder.		

das Kind	ребенок	die Eltern	родители	die Großmutter	бабушка	der Enkel	внук
der Bruder	брат	der Vater	отец	die Schwiegereltern	родители мужа/	die Enkelin	внучка
die Schwester	сестра	die Mutter	мать		жены	der Onkel	дядя
der Sohn	сын	die Großeltern	дедушка и	der Schwiegersohn	зять	die Tante	тетя
die Tochter	дочь		бабушка	die Schwiegertochter	сноха/	der Cousin	двоюродный
		der Großvater	дедушка		невестка		брат
						die Cousine	двоюродная сестра
						die Verwandten	родственники

2 Welche Wörter kennen Sie schon?

3 Aussprache

[a:] der V**a**ter
[a] die T**a**nte
[ɛ] die Schw**e**ster, die **E**ltern, der **E**nkel
[i:] die Schw**ie**gereltern, der Schw**ie**gersohn, die Schw**ie**gertochter

[o:] der S**o**hn, die Gr**o**ßeltern
[ɔ] die T**o**chter, der **O**nkel
[u:] der Br**u**der
[u] die M**u**tter

4 Intonation

der Cousín, die Cousíne, die Verwándten

5 Pluralformen besprechen:

das Kind – die Kinder, ...

6 Schreiben Sie einen Paralleltext zu „Familie Kaminski".

Meine Familie

Meine Familie lebt seit ...

Grammatik

1. Vergangenheit – Gegenwart
прошедшее время – настоящее время

Perfekt				**Präsens**		
перфект (время)				*презенс (время)*		

A Elena erzählt:

In Polen	bin	ich Erzieherin.	gewesen	. Auch hier	arbeite	ich als Erzieherin.
Ich	habe	in einem Kindergarten	gearbeitet	. Jetzt	arbeite	ich wieder in einem Kindergarten.
Mein Mann	ist	in Polen Lehrer	gewesen	. Und jetzt	ist	er arbeitslos.

Das Perfekt drückt den völligen Abschluß einer Handlung in der Vergangenheit aus. Es wird sehr viel in der mündlichen Erzählung oder im Bericht verwendet.

Перфект выражает полное завершение действия в прошлом.

В основном он употребляется в устной речи или в сообщениях.

B

| Letztes Jahr | habe | ich ein Auto | gekauft | . Das Auto | habe | ich noch immer. |
| Ich | bin | einkaufen | gewesen | . Ich | habe | jetzt alles für das Wochenende |

Das Perfekt bezeichnet aber auch vergangene Vorgänge, deren Ergebnis noch die Gegenwart bestimmt.

Перфект также обозначает прошедшие действия, результат которых еще определяет настоящее время.

2. Perfekt: Die Formen
Перфект: Временные формы глаголов

Perfekt = haben + Partizip Perfekt
sein

| ich habe | ge̱antwortet |
| ich bin | ge̱gangen |

3. Regelmäßige Verben
Правильные глаголы

A

fragen	Er	hat	Frau Schmitt	gefragt:
machen	„Was	hast	du heute	gemacht?"
antworten	Sie	hat		geantwortet:
arbeiten	„Ich	habe	heute den ganzen Tag	gearbeitet."

Grammatik

B Trennbare Verben
Глаголы с отделяемыми компонентами

| einkaufen | Ich | habe | im Supermarkt | eingekauft. |
| abholen | Dann | habe | ich Maria | abgeholt. |

C Verben ohne ge- im Partizip
Глаголы без приставки ge- в причастиях

besuchen	Ich	habe	Maria	besucht.
erzählen	Ich	habe	ein Gespräch	erzählt.
buchstabieren	Ich	habe	den Namen	buchstabiert.
fotografieren	Ich	habe	die Familie	fotografiert.

D Verben mit Ablaut im Partizip
Глаголы с чередованием гласных в причастиях

| bringen | Ich | habe | den Brief | gebracht. |
| denken | Ich | habe | viel an dich | gedacht. |

4 Unregelmäßige Verben:
Неправильные глаголы

A „Sein" + Partizip Perfekt
„Sein" + причастие прошедшего времени

gehen	Ich	bin	nach Hause	gegangen.
kommen	Ich	bin	gestern	gekommen.
aufstehen	Ich	bin	heute morgen	aufgestanden.
spazierengehen	Ich	bin	am Mittag	spazierengegangen.

B „Haben" + Partizip Perfekt
„Haben" + причастие прошедшего времени

| tragen | Ich | habe | das Paket | getragen. |
| lesen | Du | hast | gestern das Buch | gelesen. |

C Verben mit Ablaut
Глаголы с чередованием гласных

finden	Er	hat	das Photo	gefunden.
nehmen	Ich	habe	das Wörterbuch	genommen.
mitschreiben	Ich	habe	das Wort	mitgeschrieben.

Sammeln Sie mit Ihrer Lehrerin/Ihrem Lehrer alle Verben aus den vorangegangenen Lektionen und bilden Sie mit ihnen Sätze im Perfekt.
z. B. anfangen; sortieren; heiraten; treffen; erklären; meinen; entschuldigen; brauchen; drücken; usw.

Grammatik

5 Wortfolge in Sätzen mit Perfekt
Порядок слов в предложениях в перфекте

A Aussagesatz
Повествовательное предложение

| Er | hat | eine Reise nach Italien | gemacht | . |

B Wortfrage
Вопрос, начинающийся глаголом

Wann	habt	ihr den Ausflug	gemacht	?
Wer	hat	Ihnen das	gesagt	?
Wann	ist	der Film im Kino	gelaufen	?

C Satzfrage
Вопрос, начинающийся с вопросительного слова

Haben	Sie in Polen ein Haus	gehabt	?
Hat	der Unterricht schon	angefangen	?
Sind	Sie in den Ferien	gewandert	?

⚠ Das Partizip Perfekt steht immer am Ende des Satzes. Das Hilfsverb steht in der 1. oder 2. Position.

Причастие прошедшего времени всегда употребляется в конце предложения. Вспомогательный глагол ставится на 1 или 2 место.

Ü1 Beantworten Sie folgende Fragen.

Beispiel: Lesen Sie viel? Nicht viel, aber gestern habe ich viel gelesen.

1. Schreibst du viel?
2. Sehen Sie Ihre Freunde oft?
3. Sprechen Sie viel Deutsch?
4. Fährst du oft mit dem Zug?
5. Laden Sie gern Gäste ein?
6. Kauft ihr gern Blumen?
7. Essen Sie gern Schokolade?
8. Gehen Sie oft ins Kino?
9. Gehen Sie oft aus?

Nicht sehr viel, aber gestern ...
... oft, ... vorgestern ...
... sehr viel, ... vor einer Woche ...
... oft, ... letzte Woche ...
...

Ü2 Was hat Herr Müller heute gemacht? Berichten Sie.

Um 7 Uhr war Herr Müller noch im Bett.
Um 7 Uhr 15 hat er ...

7.00	noch im Bett	sein
7.15	zu Hause	frühstücken
7.40	mit der Straßenbahn	fahren
8.00–12.00	im Büro	arbeiten
12.00	am Kiosk ein Würstchen	kaufen
13.00–17.00	wieder im Büro	sein
17.00	nach Hause	gehen
19.00	zu Abend	essen
20.00–22.00	zu Hause	fernsehen
22.30	ins Bett	gehen

In der Stadt

Was kennen Sie hier schon? Tragen Sie weiter die Begriffe ein: Nr. ... ist ...

1 die Ampel	светофор	6 das Kaufhaus	универмаг	13 der ...-Platz	... площадь
2 die Arztpraxis	практика врача	7 die Kreuzung	перекресток	14 die Tankstelle	заправочная станция
3 der Bus	автобус	8 die Litfaßsäule	афишная тумба	15 die Touristen-	справочное бюро
4 die Bushalte-	остановка	9 die Polizei	полиция	information	для туристов
stelle	автобуса	10 die Schule	школа	16 die U-Bahn-Station	станция метро
5 das Gasthaus	маленькая гостиница	11 die Straßenbahn	трамвай	17 der Zebrastreifen	обозначение пешеходного перехода, „зебра"
		12 die ...-Straße	... улица		

2 Was ist ...

vorne? _der Bus,_   hinten? _____

oben? _____   unten? _____

links? _____   rechts? _____

3 Aussprache

[aː] das Stadion, der Bahnhof,
die Straßenbahn, das Rathaus
[a] die Bank, der Arzt, die Ampel,
das Gasthaus, der Park, der Markt

[eː] der Zebrastreifen
[uː] die U-Bahn, die Schule
[u] der Bus
[ɔi] die Litfaßsäule

4 Intonation

die Fabrík, die Statión, die Apothéke, die Touristeninformatión, die Polizeí

2 Der Stadtplan

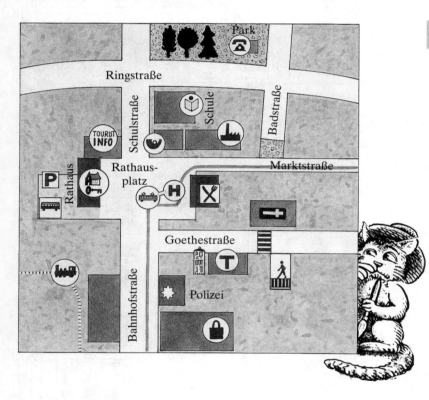

1 Was ist wo?   GR S. 108

Die Tankstelle ist	in	der Goethestraße
Die Post ist	neben	der Fabrik.
Die Schule ist	hinter	der Post.
Der Zebrastreifen ist	vor	der Kirche.
Der Park liegt	an	der Ringstraße.
Die Litfaßsäule ist	bei	der Tankstelle.
Die Telefonzelle ist	im	Park.
Die Polizei ist	neben	dem Kaufhaus.
Der Bus steht	hinter	dem Rathaus.
Die Straßenbahn hält	vor	dem Gasthaus.
Das Rathaus ist	am	Rathausplatz.
Die Touristeninformation ist	beim	Rathaus.

Nach dem Weg fragen:

○ Bitte, wo ist | der Bahnhof?
 | das Stadion?
 | die Polizei?

○ Entschuldigung, wie komme ich | zum Bahnhof?
 | zum Stadion?
 | zur Polizei?
 | …

Den Weg beschreiben:

● Geradeaus, dreihundert Meter, dann rechts die Leopoldstraße entlang, vierhundert Meter. Da ist links der Bahnhof.

● Die erste | | rechts
zweite | Straße |
dritte | | links
vierte |

bis zur Ampel, dann links zum Rathaus, dann rechts.

2 Wie kann man das noch mit anderen Worten sagen? Sammeln Sie zusammen mit Ihrer Lehrerin/Ihrem Lehrer.

○ Wo ist die Post? / Wo finde ich die Post?
○ … / …

● Zuerst gehen Sie …

3 Herr Schmitt besucht Familie Sigorski

1 Hören Sie zuerst den folgenden Text ohne das Buch, und ordnen Sie dann zu:

Was gehört zusammen:

Herr Schmitt — ist im zweiten Stock.
Die Wohnung — wartet vor dem Haus.
Herr Sigorski — muß bei der Polizei fragen.
Frau Sigorski — hat schon das Abendessen gemacht.
— findet die Wohnung von Sigorskis schnell.
— wartet schon.
— ist in der Ringstraße 7 im 2. Stock.

2 Hören Sie noch einmal den Text und zeichnen Sie dann den Weg von Herrn Schmitt zur Familie Sigorski.

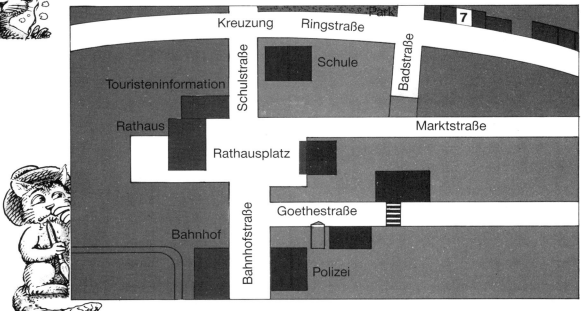

3 Lesen Sie jetzt den Text und kontrollieren Sie Ihre Zeichnung.

Es ist Mittwochabend. Herr Schmitt will Familie Sigorski besuchen, aber er hat keinen Stadtplan. Er geht zur Polizei (in der Bahnhofstraße) und fragt dort einen Polizeibeamten: „Wie komme ich bitte zur Ringstraße 7?" Der Polizist erklärt ihm:
„Sie gehen zuerst zum Rathaus, gleich hier am Rathausplatz, dann am Rathaus entlang. Bei der Touristeninformation beginnt die Schulstraße. Sie gehen bis zur nächsten Kreuzung, dann rechts. Das ist schon die Ringstraße. Sie gehen am Park entlang und dann über die Badstraße. Nummer 7 ist das dritte oder vierte Haus auf der linken Straßenseite."
Herr Schmitt findet das Haus, wo Sigorskis jetzt wohnen, sehr schnell. Vor dem Haus trifft er Herrn Sigorski. Herr Sigorski freut sich! Sie gehen nach oben. Sigorskis wohnen im zweiten Stock.
Oben wartet schon Frau Sigorski. Herr Sigorski sagt: „Das ist Herr Schmitt, mein Arbeitskollege. Das ist meine Frau!" Sie gehen ins Wohnzimmer.
Frau Sigorski hat schon das Abendessen gemacht.

4 Wo trifft man andere Leute? Notieren Sie (vgl. S. 26).

Man trifft andere Leute _im Deutschkurs, in der..._

4

A An der Bushaltestelle

○ Entschuldigung, können Sie mir bitte helfen?
  Ich möchte zum Karlsplatz.
   ● Zum Karlsplatz? Moment mal…
     Sie müssen den Sechsundzwanziger nehmen.
○ Den Sechsundzwanziger nehmen???
   ● Ja, den Bus Nummer sechsundzwanzig.
○ Ach so, und wann kommt der nächste Bus?
   ● Hier, 10 Uhr 26. Alle fünfzehn Minuten.
○ Danke.

B Fahrkarten kaufen

○ Entschuldigung, können Sie mir bitte helfen? Ich brauche eine Fahrkarte.
  Was muß ich machen?
   ● Wohin wollen Sie denn?
○ Zum Ostbahnhof.
   ● Ostbahnhof? Hier, Sie müssen hier „Ostbahnhof" suchen.
     Hier ist es: Ostbahnhof ist Zone drei.
○ Zone drei???
   ● Ja, hier, bei Taste „Zone drei" drücken. So: Sehen Sie: drei Mark
     sechzig. Das kostet drei sechzig. Sie müssen hier drei sechzig
     einwerfen.
○ Aha. Danke, vielen Dank.

C Im Bus

○ Hallo, Sie da! Haben Sie einen Fahrschein?
   ● Ja, sicher. Hier.
○ Sie müssen ihn entwerten lassen!
   ● Wie bitte? <u>Was</u> muß ich tun?
○ Entwerten lassen! Da reinstecken! Stempeln!
   ● Ach so, danke!
○ Okay.

D In der Straßenbahn

○ Entschuldigen Sie bitte, ich bin nicht von hier. Ich muß in der Meissnerstraße
  aussteigen.
   ● Meissnerstraße? Übernächster Halt, da müssen Sie raus!
○ „Übernächster Halt" – das verstehe ich nicht. Was ist das?
   ● Noch zwei Stationen, eins – zwei – dann aussteigen!
○ Zwei Stationen, aha, danke!

> **So können Sie fragen:**
>
> ○ Entschuldigung, | können Sie mir helfen?
>   Bitte, | was muß ich | machen?
> | | tun?
> | ich verstehe das nicht!
>
> ○ Entschuldigung, ich bin nicht von hier:
> – Welcher Bus geht zum Bahnhof?
> – Wann geht | ein Bus | nach Haimhausen?
> | der nächste Bus | zum Karlsplatz?
> – Wo bekomme ich eine Fahrkarte?
> – Was kostet eine Fahrkarte zum Ostbahnhof?
> – Wo muß ich aussteigen/umsteigen?

1 Besprechen und Spielen

A Sie stehen am Sendlinger Tor Platz und möchten zum Karlsplatz.
Sie fragen Ihren Nachbarn: Welcher Bus? Wann?

B Sie brauchen eine Fahrkarte zum Hauptbahnhof.
Sie fragen am Fahrkartenautomat:
Welche Zone? Was kostet die Karte?

2 Sie stehen am Bahnhof (S. 103 und 104) und Sie fragen:

○ Entschuldigung, wo ist bitte …? / Entschuldigung, wie komme ich zum/zur …?

die Touristeninformation   eine Telefonzelle   die Schule   die Post
das Stadion   die Marktstraße
ein Supermarkt   Bushaltestelle   eine Bank
das Rathaus   ein Kaufhaus

Ihr Nachbar/Ihre Nachbarin erklärt Ihnen den Weg.

3 Projekt

Wie gut kennen Sie die Stadt, in der Sie wohnen?

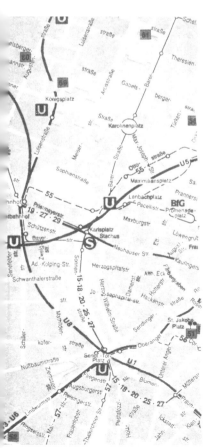

– Besorgen Sie sich im Rathaus oder bei der Touristeninformation einen Plan von der Stadt, in der Sie wohnen. Schreiben Sie auf: Wo ist das Rathaus? der Bahnhof? die Schule? …
Das Rathaus ist in …

– Fragen Sie und erklären Sie:
Wie kommt man von Ihrer Schule („wo Sie Deutsch lernen,") …
 … zur nächsten Telefonzelle?   … zu einem Lebensmittelgeschäft?
 … zur nächsten Bushaltestelle?   … zu einem Kiosk?
 … zum Bahnhof?   … zu einer Kirche?
 … zum Rathaus?   …

– Wie kommen Sie von Ihrer Schule nach Hause? Wie kommen Sie zur Schule?

– Sie bekommen Besuch. Sie wollen Ihrem Besuch die Stadt zeigen. Überlegen Sie:
  * Was ist interessant? (Straßen? Museum? Geschäfte? Park? …)
  * Wie lange braucht man für eine Stadtbesichtigung?
  * Besorgen Sie von Ihrer Stadt einen Netzplan (Buslinien, Straßenbahnverbindungen, U-Bahn usw.).
    Wie kommt man von … nach …? Was kostet eine Fahrt von … nach …?
  * Sie wollen etwas Gutes für Ihre Gäste kochen:
    In welchen Geschäften bekommt man die Lebensmittel?
    Wo sind die Geschäfte?

Grammatik

Ortspräpositionen mit Dativ
Предлоги, обозначающие местонахождение предмета и употребляющиеся с дательным падежом

A neben *рядом с/около/возле*   vor *перед/впереди от/у*   hinter *за*

der	Bahnhof	Die Haltestelle ist	neben dem	Kiosk,	vor dem	Bahnhof,	hinter dem	Supermarkt.
der	Kiosk							
das	Stadion	Der Park ist	neben dem	Stadion,	vor dem	Kaufhaus,	hinter dem	Arbeitsamt.
das	Kaufhaus							
die	Fabrik	Das Kaufhaus ist	neben der	Bank,	vor der	Fabrik,	hinter der	Schule.
die	Bank							

B zu *к/в/на*   in *в/на/через*   an *у*   bei *у/в/на*

der	Park	Wie komme ich	zum	Park?	Der Park	ist	am	Bahnhof.
der	Kiosk				Äpfel	gibt es	im	Kiosk.
der	Bahnhof				Die Post	ist	beim	Bahnhof.

zu dem ⟶ zum   an dem ⟶ am   in dem ⟶ im   bei dem ⟶ beim

das	Stadion	Wie komme ich	zum	Stadion?	Das Stadion	ist	am	Park.
das	Kaufhaus				Das Fußballspiel	ist	im	Stadion.
das	Gasthaus				Die Haltestelle	ist	beim	Kaufhaus.

zu der ⟶ zur

die	Fabrik	Wie komme ich	zur	Papierfabrik?	Die Fabrik	ist	an der	Bahnhofstraße.
die	Bank				Herr Fischer	ist	in der	Bank.
die	Post				Die Ampel	ist	bei der	Post.

⚠ Der deutschen Konstruktion der Präpositionen „an", „bei", „neben", „in", „vor", „hinter" mit Dativ kommen polnische (bzw. russische) Verbindungen entsprechender Präpositionen mit dem Instrumental bzw. dem Lokativ nahe.

Немецкие конструкции с предлогами „an", „bei", „neben", „in", „vor", „hinter", употребляющиеся с дательным падежом, сходны с русскими конструкциями этих предлогов с творительным падежом или с предложным.

  Beispiel: Das Auto steht **vor** dem Haus. (Dativ/*дательный падеж*)
      Машина стоит **перед** домом. (Instrumental/*творительный падеж*)

Diese Konstruktionen beschreiben sowohl im Polnischen (bzw. Russischen) als auch im Deutschen den Ort des Geschehens und antworten auf die Frage „Wo?".

Эти конструкции обозначают как в русском языке, так и в немецком языке место действия и отвечают на вопрос „где?".

Den deutschen Dativ-Verbindungen der Präpositionen „bei", „neben", „zu" entsprechen die polnischen (bzw. russischen) Konstruktionen mit Genitiv.

Немецким конструкциям с предлогами „bei", „neben", „zu", употребляющимся с дательным, соответствуют русские конструкции с родительным падежом.

  Beispiel: Wie komme ich **zum** Restaurant? (Dativ/*дательный падеж*)
      Как добраться **до** ресторана? (Genitiv/*родительный падеж*)

Wohnen: Das Haus

1	das Dach	крыша	8	der Balkon	балкон
2	der Kamin	дымовая труба	9	der Garten	огород
3	die Fernsehantenne	телевизионная антенна	10	die Garage	гараж
			11	der Keller	подвал/погреб
4	die Mauer	каменная стена	12	das Erdgeschoß	первый этаж
5	die Wand	стена	13	der erste Stock	первый этаж
6	die Haustür	наружная дверь	14	der Dachboden	чердак
			15	die Treppe	лестница
7	das Fenster	окно	16	der Schornstein	(дымовая) труба

1 Welche Wörter kennen Sie schon?

2 Aussprache

[y:] die Haustür
[o:] der Dachboden
[õ] der Balkon, der Beton
[ʃ] das Erdgeschoß, der Stock
[ʒ] die Garage

3 Intonation

der Kamín, der Balkón, die Garáge, die Anténne

4 Was ist aus welchem Material?

aus Holz	aus Stein	aus Beton	aus Kunststoff	aus Metall
die Haustür	_____	_____	_____	_____
_____	_____	_____	_____	_____

Die Fernsehantenne ist aus Metall.
Die Treppe ist aus Beton *oder* aus Stein *oder* aus Holz.
Die Treppe ist aus Beton, der Keller ist *auch* aus Beton.

2 Mietpreise | Квартплата

Information

Eine private, durchschnittlich ausgestattete 3-Zimmer-Wohnung mit Küche und Bad (70 qm) bekommt man in München – wenn man viel Glück hat – für ca. 1000,– DM Kaltmiete pro Monat. In Braunschweig dagegen würde eine ähnlich ausgestattete Wohnung schon für 500,– DM zu haben sein. Da in München eine 3-Zimmer-Wohnung doppelt so teuer wie in Braunschweig ist, kann man vermuten, daß dort die Nachfrage höher ist als die Wohnungsangebote. In Braunschweig dagegen scheint die Nachfrage nach Wohnraum niedriger als in München zu sein. Der Mietpreisvergleich in den beiden Städten zeigt, daß die Preise auf dem Wohnungsmarkt von Angebot und Nachfrage bestimmt werden.

Die Entwicklung der Mietpreise verläuft meistens parallel zu den Baulandpreisen. Dort, wo die Baulandpreise hoch sind, also vornehmlich in den großen Ballungszentren (Frankfurt, Düsseldorf, Hamburg, Köln, München, Stuttgart u. a.) ist auch das Mietpreisniveau überdurchschnittlich hoch und umgekehrt.

Частную трехкомнатную квартиру средней комфортабельности с кухней и ванной (в 70 кв. м.) в Мюнхене можно получить – если повезёт – за приблизительно 1000 марок ФРГ в месяц – без стоимости отопления. А в Брауншвейге такую же благоустроенную квартиру можно получить уже за 500 марок ФРГ. Так как трехкомнатная квартира в Мюнхене в два раза дороже квартиры в Брауншвейге, можно предположить, что в Мюнхене спрос на квартиры выше предложений. Видимо в Брауншвейге спрос на жилплощадь ниже чем в Мюнхене. Сравнение квартплаты в этих двух городах показывает, что цены на квартирном рынке зависят от спроса и предложения.

В большинстве случаев изменение платы за квартиру проходит параллельно ценам на места для застройки. Там, где цены на места для застройки высоки, главным образом в индустриальных густонаселенных центрах (Франкфурт, Дюссельдорф, Гамбург, Кёльн, Мюнхен, Штуттгарт и др.), там и уровень квартплаты необыкновенно высок, и наоборот.

	Einwohner	Baugrundstück (DM/m²) (für Ein- und Zweifamilienhäuser; mittl. Wohnlage; ca. 600–800 m²)	Miete (DM/m²; Durchschnittspreis) (2½–3 Zimmer; ca. 70 m²; mittlerer Wohnwert; nach 1948 gebaut)
München	1 250 000	750	13–14
Frankfurt	590 000	450	9,50–11
Braunschweig	250 000	160	7–9
Kassel	180 000	150	6,50–8
Würzburg	130 000	150	6,70

1 Wie hoch ist die Miete ungefähr für eine 70 m² große Wohnung in München, Frankfurt, Braunschweig, ... ?
Was kostet ungefähr ein Baugrundstück von 500 m² in München, ... ?

Information

Die Mietpreise in den einzelnen Regionen werden, außer durch Angebot und Nachfrage, in der Regel durch 4 weitere Faktoren bestimmt:
1. Baujahr der Häuser
2. Grundausstattung der Wohnungen
3. Wohnlage und 4. Jahr des Einzugs

zu 1: Je älter eine Wohnung ist, desto niedriger ist auch der Mietpreis/qm. Modernisierungen von Altbauten können jedoch zu erheblichen Mieterhöhungen führen.

zu 2: Zu der Grundausstattung von Wohnungen gehören die sanitären Anlagen (WC/Dusche/Bad) und die Heizung. Es versteht sich von selbst, daß eine Wohnung ohne Badewanne mit Kohleöfen wesentlich weniger Miete kostet als eine Wohnung mit Dusche, Badewanne und Zentralheizung.

zu 3: Normalerweise unterscheidet man 3 Wohnlagen; eine einfache Wohnlage ist z.B. in der Nähe einer Industrieanlage mit Lärmbelästigung und ohne Einkaufsmöglichkeiten; von einer mittleren Wohnlage kann man z. B. Geschäfte in bis zu 5 Minuten Fußweg erreichen, und sie liegt verkehrsgünstig; eine gute Wohnlage befindet sich z. B in einem ruhigen, verkehrsgünstig gelegenen Wohnviertel und in der Nähe von Grünanlagen.

В некоторых регионах квартплата зависит не только от предложения и спроса, но и как правило от 4 факторов:

1. Год постройки дома
2. Комфортабельность квартир
3. Расположение квартиры и 4. год въезда

к п. 1: Чем старее квартира тем ниже квартплата за кв. м. Модернизация старых домов может привести к значительным повышениям квартплаты.

к п. 2: К основным удобствам квартир относится санитарное оборудование (туалет/душ/ванна) и отопление. Само собой разумеется, что квартиры без ванной и с угольной печью значительно дешевле квартир с душем, ванной и центральным отоплением.

к п. 3: Вообще различают 3 типа расположения квартир; Расположение считается „простым", если например квартира находится недалеко от промышленного сооружения с (вредной) шумовой нагрузкой и без магазинов; о „среднем" расположении квартир говорят, если например квартира удобно расположена и до магазина пешком несколько минут; Расположение квартиры „хорошее", если она находится в тихом жилом квартале с удобными путями сообщения и недалеко от зеленых насаждений.

2 **Projekt:** Prüfen Sie Miet- und Baupreise in Ihrer Stadt. Lesen sie Zeitungsanzeigen, fragen Sie den Mieterverein, einen Makler, das Baureferat in der Stadt.

Mietpreise – Sozialer Wohnungsbau – Mietzuschuß

Квартплата – социальное жилищное строительство – дотация к квартплате

1 **Was kosten in Aachen die Mietwohnungen?**
Errechnen Sie für folgende Beispiele: Wie hoch ist etwa die Miete pro Quadratmeter?
Wie hoch ist etwa die Monatsmiete?

Durchschnittliche Wohnungsmieten in der Stadt Aachen – Nettokaltmieten, DM je m² Wohnfläche monatlich	
Wohnlage/Wohnwert	Baujahr bis 1948
einfache/r	5,–
mittlere/r	7,–
gute/r	9,–
	Baujahr nach 1949
einfache/r	6,–
mittlere/r	8,–
gute/r	10,–
	Neubau – Erstbezug
mittlere/r	10,–
gute/r	12,–

1. Wohnung: 100 qm, 4 Zimmer, gute Wohnlage, Baujahr 48, WC, Bad, Dusche und Heizung

2. Wohnung: 70 qm, 3 Zimmer, einfache Wohnlage, Baujahr 50, WC, Bad, Dusche

3. Wohnung: 90 qm, 4 Zimmer, mittlere Wohnlage, Baujahr 69, WC, Bad/Dusche und Heizung

4. Wohnung: 110 qm, Neubau, 3 Zimmer, gute Wohnlage, Baujahr 90, WC, Bad/Dusche und Zentralheizung

2 **Wohnungen von Ihren Verwandten und Bekannten:**
Wie sind die Größe, die Zimmerzahl, die Wohnlage (vgl. S. 110), das Baujahr, die sanitären Anlagen, die Heizung und der Mietpreis pro qm?
Vergleichen Sie mit den Mieten für Wohnungen in Aachen: Wo ist es teurer?

Information

Da Wohnen ein Grundbedürfnis der Menschen ist, überläßt der Staat die Versorgung mit Wohnraum nicht nur dem Angebot und der Nachfrage. Durch den sozialen Wohnungsbau wird einkommensschwächeren Bevölkerungsschichten billiger Wohnraum zur Verfügung gestellt. Die Mietpreise der ca. 4 Millionen Sozialwohnungen sind gebunden und dürfen nicht beliebig erhöht werden (durchschnittlicher Mietpreis pro qm zwischen 6,– und 10,– DM; der Mietpreis ist ähnlich wie im privaten Wohnungsbau von Baujahr und Ausstattung abhängig). Die Sozialwohnungen werden von den Wohnungsämtern der Städte und Gemeinden vergeben, die die Interessenten an gemeinnützige Wohnungsbaugesellschaften weiterleiten. Voraussetzung für den Bezug einer Sozialwohnung ist ein Berechtigungsschein, der allen Personen und Familien ausgestellt wird, die unter einer gewissen Einkommensgrenze liegen. In vielen Städten gibt es lange Wartelisten für Sozialwohnungen. In Hannover suchen 12 000 Personen mit Wohnberechtigungsschein eine Wohnung, in München 16 300, in Frankfurt 18 300, in Köln 18 900, in Hamburg 48 000.
Der Staat unterstützt einkommensschwache Haushalte außerdem durch Wohngeld. Wohngeld können sowohl Mieter von Privat- wie auch von Sozialwohnungen bekommen. Es wird in den Wohngeldstellen der Städte/Gemeinden auf Antrag vergeben. Die Höhe des Wohngelds richtet sich nach dem Einkommen, der Anzahl der Familienangehörigen, der Miethöhe und dem Alter des Hauses. Die Miete wird jedoch nur bis zu einer festgelegten Obergrenze bezuschußt.

*Так как жилище является основной потребностью человечества государство предоставляет решать вопрос обеспечения жилой площадью не только спросу и предложению. Социальным жилищным строительством государство предоставляет дешевую жилплощадь малообеспеченному слою населения. Квартплата ок. 4 миллионов квартир в составе социально-жилищного строительства установлена и ее нельзя как угодно повышать (в среднем 6–10 марок ФРГ за кв. м. Квартплата социального жилищного строительства как и квартплата частного жилищного строительства зависит от года окончания строительства и от благоустроенности квартиры). Квартиры в составе социально-жилищного строительства распределяют жилуправление города и общинное самоуправление, направляющие желающих получить квартиру в общественно полезное жилищно-строительное общество. Предпосылкой для получения квартиры в составе социально-жилищного строительства является удостоверение на такую квартиру, выдаваемое всем лицам и семьям, предел доходов которых не превышает определенную сумму. Во многих городах список очередников на квартиры в составе социально-жилищного строительства очень длинный. В Ганновере 12 000 человек, имеющих удостоверение на квартиру в составе социально-жилищного строительства, ищут квартиру, в Мюнхене 16 300 человек, во Франкфурте 18 300 человек, в Кёльне 18 900 человек, в Гамбурте 48 000 человек.
Кроме этого государство оказывает малообеспеченным семьям помощь, платя пособия по квартплате. Пособие по квартплате могут получить как квартиросъемщики частных квартир так и квартиросъемщики квартир в составе социально-жилищного строительства. Его по заявлению распределяет городской или общинный отдел пособий по квартплате. Размер пособия зависит от заработной платы, от числа членов семьи, от квартплаты и в зависимости от того, сколько лет этому дому. Квартплату оплачивают только до определенного предела.*

1 **Projekt:** Wie viele Einwohner haben Hannover, Frankfurt, München, Hamburg? (vgl. auch S. 110) Wieviel von 100 Einwohnern suchen eine Wohnung?

4 Wohnungssuche: private Zeitungsanzeigen

Поиски жилья: частные объявления в газете

Information

In der Tageszeitung finden Sie viele Wohnungsanzeigen von Privatleuten und von Maklern.
Wenn Sie eine Wohnung über den Makler mieten wollen, müssen Sie ihm schriftlich einen Auftrag für die Wohnungssuche erteilen und eine Vermittlungsgebühr (bis zur drei Monatsmieten) bei erfolgreicher Wohnungssuche bezahlen.
Was man bei der Wohnungssuche beachten sollte:
– Wie viele Zimmer braucht die Familie?
– Wieviel Miete können wir bezahlen (Kaltmiete und weitere Kosten [z. B. Heizung, Strom, Wasser, Müllabfuhr])?
– Wo wollen wir wohnen:
  * in der Stadt (gute Verkehrsverbindung zum Einkaufen und zur Arbeit; oft laut)
  * weiter draußen (Verkehrsverbindungen nicht so gut, aber ruhiger und billiger)?
– Wie kommt man von der Wohnung zum Arbeitsplatz / zur Schule / zum Einkaufen?

В газете часто можно найти объявления о сдаваемых в наем квартирах, данные частными лицами и маклерами. Если Вы хотите снять квартиру через посредство маклера, то Вам нужно в письменном виде поручить ему искать для Вас квартиру и внести комиссионные сборы (до трех месячных квартплат) при успехе в поисках квартиры. Что нужно учитывать при поисках квартиры:
– Сколько комнат нужно семье?
– Сколько мы в состоянии платить в месяц за квартиру? (без стоимости отопления и других расходов как напр: отопление, электроэнергия, вода, вывозка мусора).
– Где мы хотим жить:
  * в городе (удобная транспортная связь, чтобы делать покупки и добираться на работу; часто шумно)
  * за городом (транспортная связь не так удобна, но тише и дешевле)
– Как добраться с работы/из школы/из магазина домой?

Zeitungsanzeigen:

① **3 Zi, Kü, Bad,** ca. 66 m², GEH, 430,– + NK, ab 1.1. zu verm., Fissler, Tel. 13 24 35

② **2 ZKD,** 60 qm, DM 420,– kalt, Tel. 35 47 68

③ **3 ZKB, 84 qm,** Blk., ab 1.2., DM 680,– kalt + NK, Kaut. 1200,–, mög. Ehep., HORN RDM, Auerstr. 6, Tel. 86 32 16

④ **2 ZKB, 60 m²,** 1.1. DM 520,– zzgl. NK, 3. OG, Stalb, Friedrichstr. 7, Tel. 23 45 61

⑤ **renov. 2 ZKD,** 49 qm, Blk., ZH, Ebertstr. 6, Zentr., 460,– warm, Tel. 39 54 28

⑥ **3 ZKD,** Mans., GEH, 65 qm, kalt DM 335,–, Tel. 22 34 22

1 Wohnungen vergleichen

Vergleichen Sie die 3-Zimmer-Wohnungen: Welche ist Ihrer Meinung nach am günstigsten?

	Nr. ①	Nr. ③	Nr. ⑥
Größe:			
Preis:			
Quadratmeterpreis:			
Nebenkosten:			
Besonderes (z. B. Balkon)			
…			

2 Vergleichen Sie auch die 2-Zimmer-Wohnungen.

Zi = Zimmer	комната
Kü = Küche	кухня
ca. = circa, ungefähr	около
m² = Quadratmeter	квадратный метр
GEH = Gas-Etagen-Heizung	газовое этажное центральное отопление
NK = Nebenkosten (weitere Kosten)	побочные издержки (другие издержки)
verm. = vermieten	сдать внаём
ZKD = Zimmer, Küche, Dusche	комната, кухня, душ
qm = Quadratmeter	квадратный метр
kalt = ohne weitere Kosten	без других издержек
ZKB = Zimmer, Küche, Bad	комната, кухня, ванная
Balk. = Balkon	балкон
Kaut. = Kaution	залоговая сумма
mög. = möglichst	по возможности
Ehep. = Ehepaar	супруги
RDM = Ring Deutscher Makler	Объединение Немецких Маклеров
zzgl. = zuzüglich	с прибавлением
3. OG = 3. Obergeschoß	3. этаж
renov. = renoviert	ремонт сделан
ZH = Zentralheizung	центральное отопление
Zentr. = Zentrum	центр
warm = Miete und Nebenkosten	квартплата и побочные издержки
Mans. = Mansarde	мансарда

Anrufen

Die Lage der Wohnung: Was ist wichtig? – Die Wohnung soll in der Nähe von ... liegen.

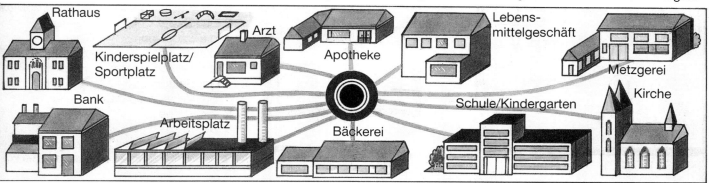

Das ist Ihre „Traum-Wohnung"!

3 ZKB, Zentrum, 68 m², DM 380,– + Nebenkosten DM 80,–, sofort. Tel. 22653

Sie rufen an und vereinbaren einen Besichtigungstermin.

○ Guten Tag. Beier. – Sie haben heute eine Wohnung in der Zeitung.
● Ja, drei Zimmer, Küche, Bad, 68 Quadratmeter.
○ Wo liegt die Wohnung denn?
● Heckerstraße 38. Das ist im Zentrum.
○ Die Miete ist 380,– Mark und 80,– Mark Nebenkosten, also insgesamt 460,– Mark. Ist das alles?
● Nein: Da ist noch eine Kaution von drei Monatsmieten, 1140,– Mark.
○ Aha. – Ich möchte die Wohnung gerne besichtigen. Kann ich wohl heute Mittag 12 Uhr kommen?
● Da geht es nicht. Erst um 15 Uhr.
○ Gut. Dann um 15 Uhr.
● Wie war Ihr Name?
○ Beier. B-E-I-E-R. – Auf Wiederhören bis um 15 Uhr.
● Auf Wiederhören.

So kann man fragen:

○ Wie groß ist die Wohnung? ○ Wo liegt die Wohnung?
  Wie viele Zimmer hat sie? ○ Wie hoch sind die Nebenkosten?
  Wie viele Quadratmeter ...? ○ Ab wann ist die Wohnung frei?
○ Was kostet die Wohnung? ○ Wann kann ich die Wohnung besichtigen?

1 Welche Wohnung von den Anzeigen auf S. 112 interessiert Sie?

Rufen Sie an (Ihre Lehrerin/Ihr Lehrer ist der Vermieter). Was möchten Sie wissen?
Notieren Sie sich vor dem „Anruf" Stichwörter.

2 Wohnungssuche: Eine Anzeige in der Zeitung aufgeben.

Hier sind zwei Anzeigen:

Jg. Paar sucht 2–3 ZKB zum 15.12., bis DM 600 warm. Tel. 0561/661965 ab 18 Uhr

2–3 ZKB, 70–90 m², ruh. Lage, ZH, sof. ges., Tel. 0561/32416

Sie wollen auch eine Anzeige in der Zeitung aufgeben.
Überlegen Sie: Was ist für Sie wichtig? Was wollen Sie schreiben?

_____
_____

3 Projekt:

Untersuchen Sie Wohnungsanzeigen in Ihrer Zeitung: Welche Wohnungen gibt es? Welche Wohnungen suchen die Leute?

6 Die Wohnung: ein Grundriß

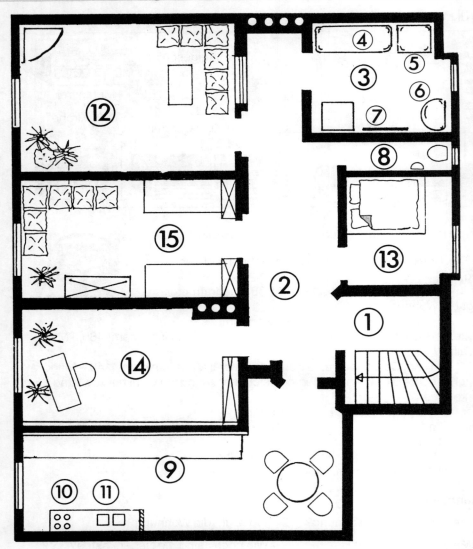

1	das Treppenhaus	лестничная кле[тка]
2	der Flur	коридор/прихож[ая]
3	das Bad	ванная
4	die Badewanne	ванна
5	die Dusche	душ
6	das Waschbecken	умывальник
7	der Spiegel	зеркало
8	die Toilette/das WC	туалет
9	die Küche	кухня
10	der Herd	плита
11	die Spüle	мойка
12	das Wohnzimmer	общая комната
13	das Schlafzimmer	спальня
14	das Arbeitszimmer	рабочий кабинет
15	das Kinderzimmer	детская комната

1 Welche Wörter kennen Sie schon?

2 Aussprache

[y] die Küche
[y:] die Spüle
[a:] die Badewanne
[i:] der Spiegel
[o:] das Wohnzimmer
[u:] der Flur
[u] die Dusche

3 Intonation

die Toilétte, das Árbeitszimmer,
das Wáschbecken, das Tréppenhaus

4 Überlegen Sie: Wie soll Ihre „Traumwohnung" sein? Zeichnen Sie einen Grundriß.

7 Wohnungseinrichtung — Обстановка квартиры

Information

Als Aussiedler haben Sie Anspruch auf ein <u>Darlehen für die Wohnungseinrichtung.</u> Es beträgt für Alleinstehende DM 3000,–, für Ehepaare DM 5000,– plus DM 1000,– für jede weitere zum Haushalt gehörende Person. Die Zinsen für dieses Darlehen sind niedrig.

Einen <u>Berechtigungsschein</u> erhalten Sie bei Ihrer Gemeindeverwaltung.
Beim Kauf von Möbeln und Haushaltsgeräten lohnt es sich ganz besonders, die Preise zu vergleichen und auf die Qualität zu achten. Besorgen Sie sich die Kataloge verschiedener Einrichtungsgeschäfte und vergleichen Sie die Angebote, bevor Sie einkaufen. Man kann dadurch sehr viel Geld sparen!

Как переселенец Вы имеете право получить <u>ссуду на обстановку квартиры.</u> Бессемейные получают 3000 марок ФРГ, супруги получают 5000 марок ФРГ плюс 1000 марок ФРГ на каждое другое лицо, принадлежащее к этой семье. Проценты на такую ссуду низкие.

*<u>Удостоверение</u> Вы можете получить в Вашем местном управлении.
Особенно при покупке мебели и приборов домашнего обихода стоит сравнивать цены и обращать внимание на качество. Прежде чем купить мебель достаньте каталоги различных магазинов по продаже мебели и сравните цены. Таким образом Вы можете сэкономить очень много денег.*

Die Wohnungseinrichtung: die Möbel

12

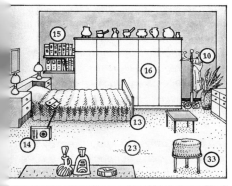

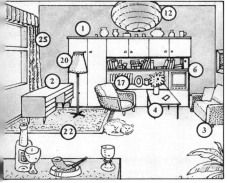

der Herd	плита
Elektroherd	электрическая плита
Gasherd	газовая плита
das Kinderbett	детская кроватка
der Kleiderständer	вешалка
der Kühlschrank	холодильник
die Lampe	лампа
die Liege	кушетка
die Matratze	матрас
das Radio	радио
das Regal	полка
der Schrank	шкаф
der Sessel	кресло
das Sofa	софа
der Spiegel	зеркало
die Spüle	мойка
die Stehlampe	торшер
der Stuhl	стул
der Teppich	ковер
der Teppichboden	ковровое покрытие пола
der Tisch	стол
der Unterschrank	нижний шкаф
der Vorhang	занавес/штора

die Möbel (Pl)	мебель
die Anbauwand	стенка
die Anrichte	сервант
das Buffet	буфет
die Couch	диван
der Couchtisch	столик
der Eßtisch	обеденный стол
das Fernsehgerät	телевизор
die Geschirrspülmaschine	посудомоечная машина
die Garderobe	вешалка
der Hängeschrank	навесной шкаф

1 Welche Wörter kennen Sie schon?

2 Was ist Nr. ... ? Und wie heißen Nr. 26–33 auf deutsch?

[e:] das Fernsehgerät, die Stehlampe
[i:] die Liege; der Spiegel
[o:] die Garderobe, das Sofa, der Teppichboden, der Vorhang
[u:] der Stuhl

3 Aussprache

[œ:] die Möbel
[y:] die Geschirrspülmaschine, der Kühlschrank, die Spüle
[a:] der Gasherd, das Radio, das Regal

4 Intonation

das Buffét, die Garderóbe, die Matrátze, das Regál

5 Welche Möbel – welches Zimmer?

die Couch

Wohnzimmer:

Küche:

Kinderzimmer:

Schlafzimmer:

Bad/WC:

Arbeitszimmer:

6 Projekt

– Welche Möbel braucht man unbedingt?
– Was kosten diese Möbel im Kaufhaus, im Möbelhaus, bei einer Versandfirma?
– Lesen Sie Anzeigen in der Zeitung und Prospekte. Was kostet die von Ihnen gewünschte Wohnungseinrichtung?

9 Möbel kaufen auf Kredit?

Information

Familie Busch hat eine Wohnung bekommen. Herr und Frau Busch wollen Möbel kaufen. Mit dem Berechtigungsschein erhalten sie ein billiges Darlehen über 7000,– DM. Eine komplette Wohnungseinrichtung kostet aber mehr:

Herr Busch rechnet: „Wir können ungefähr 300,– DM im Monat für Möbel aufbringen. Das Darlehen müssen wir mit 100,– DM im Monat zurückzahlen. Wir haben also ungefähr 200,– DM im Monat für einen Kredit."

Herr Busch geht zur Bank. Es ist nicht schwierig, einen Kredit zu bekommen. Aber man muß genau überlegen, in welcher Zeitspanne man den Kredit zurückzahlen will und wie hoch die Zinsen sind. Außerdem muß man für einen Kredit 2 % Bearbeitungsgebühr zu den Zinsen dazurechnen.

Der Bankbeamte nennt folgende Kreditbedingungen:

Kreditsumme: 4000,– DM;

Laufzeit	Zinssatz	Rückzahlungsrate pro Monat	Zinsen insgesamt
12 Monate	6,8 %	356,–	272,–
24 Monate	5,8 %	180,–	464,–
36 Monate	5,6 %	130,–	672,–

Je länger ein Kredit läuft, desto mehr Geld muß man insgesamt an Zinsen zurückzahlen.

Für einen Kredit von DM 4000,– muß Herr Busch also in 2 Jahren (= 24 Monaten) insgesamt DM 4464,– zurückzahlen.

Семья Буш получила квартиру. Господин и госпожа Буш хотят купить мебель. Так как у них есть удостоверение, они могут получить более 7000 марок ФРГ ссуды по низким процентам. Но полностью обставленная квартира стоит дороже: Господин Буш считает: „Примерно 300 западногерманских марок в месяц мы в состоянии платить за мебель. В погашение ссуды надо платить 100 марок ФРГ в месяц. Итак нам остаются 200 марок ФРГ в месяц на кредит".

Господин Буш идет в банк. Получить кредит нетрудно. Но нужно основательно обдумать вопрос о том, в течение какого времени Вы хотите погасить кредит и размер процентов. Кроме этого за кредит нужно платить не только проценты, но и стоимость обработки в 2 %. Банковский служащий назовет следующие условия кредита:

Сумма кредита: 4000 западногерманских марок:

Срок действия	Процентная ставка	Уплата в рассрочку в месяц	Итого процентов
12 месяцев	6,8 %	356,–	272,–
24 месяца	5,8 %	180,–	464,–
36 месяцев	5,6 %	130,–	672,–

Чем дольше срок действия кредита, тем больше денег нужно заплатить за проценты в целом.

В конечном итоге господин Буш должен заплатить кредит в размере 4000,– сроком действия 2 года (24 месяца) – 4464,–.

1 Was meinen Sie: Lohnt sich der Kredit für Familie Busch?

2 Fragen Sie nach Kreditmöglichkeiten bei Ihrer Bank oder Sparkasse. Gibt es spezielle Kredite für Aussiedler?

10 Der Mietvertrag

Договор о найме квартиры

Information

Wer eine Wohnung mietet, schließt mit dem Vermieter der Wohnung einen Mietvertrag ab.
Der Mietvertrag regelt z. B.
– die Höhe der Miete und der Nebenkosten
– die Dauer des Mietverhältnisses
– die Renovierung der Wohnung beim Einzug und beim Auszug
– wer welche Reparaturen bezahlt.

Als Mieter sind Sie in der Bundesrepublik durch Gesetze geschützt. Diese regeln z. B. die Kündigungsfristen:

bis zu 5 Jahren Mietdauer: 3 Monate
5–8 Jahre Mietdauer: 6 Monate usw.

Wenn Sie in Mietfragen Schwierigkeiten haben, können Sie unter folgender Adresse Rechtsberatung bekommen: Deutscher Mieterbund e.V., Aachener Straße 313, 5000 Köln 41.
Es gibt Zweigstellen in jedem größeren Ort.

Тот кто хочет снять квартиру, заключает договор со сдающим квартиру внаем.
Договор о найме упорядочивает например:
– размер квартплаты и побочных издержек
– срок наемного правоотношения
– ремонт квартиры при въезде или выезде

– кто оплачивает какие ремонтные работы
Как квартиросъемщик Вы в Федеративной Республике охраняетесь законом. Срок для выезда напр. предписан законом:
– при сроке найма до 5 лет: 3 месяца
– при сроке найма 5–8 лет: 6 месяцев и т. д.

Если у Вас возникнут трудности, касающиеся вопросов по найму, то Вы можете обратиться к юристконсульту по адресу:
Deutscher Mieterbund e. V., Aachener Str. 313, 5000 Köln 41.
В каждой более крупной местности есть филиалы.

1 Kontrollieren Sie Ihren Mietvertrag zu Hause:
Welche Nebenkosten haben Sie? Wer muß welche Reparaturen bezahlen? Wann müssen Sie welche Renovierungskosten bezahlen: beim Einzug oder Auszug?

Grammatik

Präpositionen mit Dativergänzung
Предлоги при дополнении в дательном падеже

aus *из*, bei *у*, mit *с*, nach *после*, neben *около*, von *от*, zu *к*

Präpositionen mit Akkusativergänzung
Предлоги при дополнении в винительном падеже

durch *через*, für *для*, ohne *без*, gegen *против*, um *около, вокруг*

Das Wohnen unter einem Dach

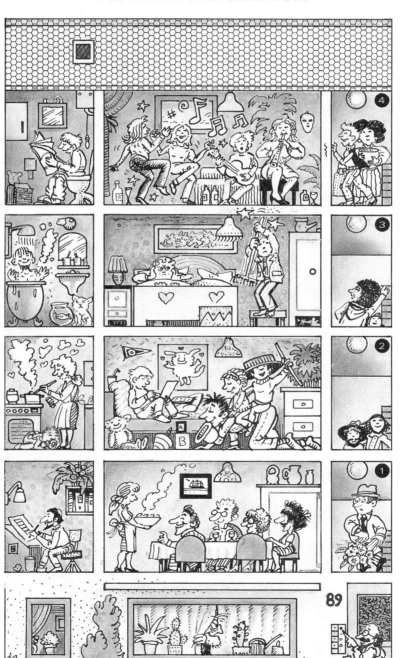

Im 4. Stock ist eine Party bei Krystina und René: Zu der Party kommen noch Freunde.

Im 3. Stock bei Familie Borovik hört man Krach von oben.
Herr Borovik klopft mit dem Besen.
Neben dem Schlafzimmer ist das Bad. Dort duscht Paul.

Im 2. Stock bei Familie Sigorski spielt der Vater mit den Kindern.
Die Mutter steht in der Küche und rührt die Suppe mit dem Kochlöffel.

Im 1. Stock bei Familie Müller sind Gäste.
Herr Müller kommt nach der Arbeit nach Hause.

Im Erdgeschoß bei Herrn Neugierig ist nichts los.
Herr Neugierig schaut aus dem Fenster.

Ohne die Partygäste ist es bei René und Krystina ganz ruhig.

Familie Borovik hört die Musik. Deshalb klopft Herr Borovik gegen die Decke.

Das Baby kriecht durch die Küche.

Robert malt ein Bild für seine Mutter.

Herr Müller bringt Blumen für seine Frau.
Die Gäste sitzen um den Tisch.

Herr Neugierig ist Hausmeister. Er ist gegen Hunde und Katzen im Haus.

Grammatik

1 Beantworten Sie die Fragen. Verwenden Sie die Präpositionen ‚aus', ‚bei', ‚mit', ‚nach', ‚neben', ‚von', ‚zu'.

Beispiel: Wann kommt Frau Sliva zu Besuch?   (nach/Mittagessen)
        Sie kommt nach dem Mittagessen.

1. Wann kommt Herr Sliva nach Hause?   (nach/Arbeit)
2. Mit wem frühstückt Herr Gruscha?   (Schwiegereltern)
3. Mit wem spielt Mirella?   (Kinder)
4. Bei wem wohnt Krystina?   (Eltern)
5. Bei wem wohnt Jan?   (Tante)
6. Womit schreibt Herr Sigorski?   (Bleistift)
7. Womit fährt Herr Gruscha?   (Auto)
8. Woher kommt Frau Sigorski?   (Bad)
9. Woher kommt Herr Gruscha?   (Gaststätte)
10. Wo ist die Bäckerei?   (Metzgerei)
11. Wo ist der Spielplatz?   (Park)
12. Wohin fährt Dorothea?   (eine Freundin)
13. Wohin geht Gerd?   ! (seinem Onkel)

2 Präpositionen mit Dativ- oder Akkusativergänzung

Предлоги при дополнении в дательном или винительном падежах

in в, **an** на, **auf** на, **über** над, **unter** под, **vor** перед, **hinter** за, **neben** около, **zwischen** между

Familie Sliva zieht um:

Wohin stellen/hängen/legen sie die …?   Wo steht/hängt/liegt jetzt das …?

               Präp. + Akkusativ   Präp. + Dativ

Herr Sliva hängt die Bilder	**an die** Wand.	Die Bilder hängen jetzt	**an der** Wand	
Er legt den Teppich	**unter den** Tisch.		**im** Wohnzimmer.	
Er stellt den Stuhl	**vor den** Tisch.	Die Katze liegt	**auf dem** Teppich	
Er hängt die Uhr	**zwischen die** Fenster		**unter dem** Tisch.	
	und **über die** Heizung.	Die Stehlampe steht jetzt	**neben dem** Sessel.	
Er stellt das Regal	**neben den** Schrank.	Auch	**über der** Spüle ist ein Re…	
Frau Sliva stellt die Töpfe	**in den** Schrank.	Die Waschmaschine steht	**zwischen der** Badewann…	
Sie stellt die Lampe	**auf den** Tisch.		und **der** Toilette.	

Grammatik

Die Verbindungen der Präpositionen „auf", „in", „an" mit dem Akkusativ geben die Bewegungsrichtung an und antworten auf die Frage „wohin?". Dieser deutschen Konstruktion entsprechen die polnischen (bzw. russischen) Verbindungen von Präposition und Akkusativ.

Предлоги (auf, in, an, ...), требующие постановки существительного в винительном падеже, обозначают направление движения и отвечают на вопрос „wohin? (куда?)". Этой немецкой конструкции соответствует русское управление предлогов.

Wo bist du?	Wohin gehst du?
Ich bin im Bad.	Ich gehe ins Bad.
Wo liegt das Buch?	Wohin legst du das Buch?
Das Buch liegt auf dem Tisch.	Ich lege das Buch auf den Tisch.

Ü1 Ergänzen Sie die Präpositionen „in", „zu", „nach" und den richtigen Artikel.

Um 5.30 Uhr hat Herr Sliva noch ___im___ Bett gelegen. Um 6.00 Uhr ist er aufgewacht und _____ Bad gegangen. Um 6.05 Uhr ist er _____ Küche gegangen und hat eine Tasse Kaffee getrunken. Um 6.15 Uhr ist er _____ Bushaltestelle gelaufen. Der Bus ist gerade abgefahren. Nun ist Herr Sliva _____ Arbeit gelaufen. Um 6.55 Uhr ist er _____ Fabrik gewesen. Bis 15.30 Uhr hat er gearbeitet. Danach ist er _____ Kaufhaus „Heim" gegangen und hat eine Pfanne gekauft. Dort hat er _____ Haushaltswarenabteilung um 15.45 Uhr einen Freund, Herrn Gruscha, getroffen. Um 16.00 Uhr ist er mit seinem Freund _____ eine Gaststätte gegangen. _____ Gaststätte haben sie gemütlich gegessen und Bier getrunken. Die Zeit ist schnell vergangen ... Um 23.55 Uhr ist Herr Sliva _____ Hause gekommen.

Ü2 Notieren Sie noch einmal:

Zeit	Wo war Herr Sliva? Was hat er da gemacht?	Wohin ist er gegangen?
5.30	Herr Sliva war im Bett.	
6.00		Er ist ins Bad gegangen.

1 Im Kaufhaus

Zweiter Stock: Kinder-Abteilung
Erster Stock: Damenbekleidung
Erdgeschoß: Herrenbekleidung

Die Kleidung	одежда		
der Anorak	штормовка	das Kostüm	костюм
der Anzug	костюм	die Krawatte	галстук
der Bikini	бикини	der Mantel	пальто
die Bluse	блузка	die Mütze	шапка
der Büstenhalter	бюстгальтер	der Pullover	свитер
die Gummistiefel	резиновые сапоги	der Rock	юбка
die Halbschuhe	полуботинки	der Schal	шарф
die Handschuhe	перчатки	der Schlafanzug	пижама
die Hausschuhe	домашние туфли	die Schuhe	туфли
das Hemd	рубашка	die Stiefel	сапоги
die Hose	брюки	die Sandalen	сандалеты
der Hut	шляпа	der Schlüpfer	трусы
die Jacke	куртка	die Strümpfe	чулки
das Kleid	платье	die Strumpfhose	колготки
die Kniestrümpfe	гольфы	die Unterwäsche	нижнее белье

1 Welche Wörter kennen Sie schon?

2 Was ist Nr. ...?

13

2 Aussprache

[aː] der Schal; die Sandalen
[iː] die Stiefel;
[oː] die Hose
[uː] die Bluse; die Schuhe; der Hut
[y] der Büstenhalter; die Mütze;
    der Schlüpfer; die Strümpfe;
[yː] das Kostüm

3 Intonation

der Bikíni; das Kostǘm; der Pullóver;
die Sandálen; die Krawátte

4 Zusammengesetzte Wörter: Wie heißen sie?

der …-Rock; der …-Mantel; die …-Hose; das …-Hemd; der …-Anzug; die …-Schuhe

Bade-; Damen-; Herren-; Jeans-; Jogging-; Kinder-; Morgen-; Nacht-; Regen-; Schlaf-; Strumpf-; Sommer-; Trainings-; Turn-; Unter-; …

der Badeanzug

2 Farben – Stoffe

Die Farben	цвета				
weiß	белый	braun	коричневый	das Kammgarn	камвольная ткань
beige	бежевый	silber	серебряный	die Kunstfaser	искусственное волокно
gelb	желтый	grau	серый	z. B. Polyamid	полиамид
orange	оранжевый	schwarz	черный	Polyacryl	полиакрил
rosa	розовый	hellblau	голубой	das Leinen	полотно (холст)
rot	красный	dunkelrot	темно-красный	das Nylon	нейлон
violett	фиолетовый			der Samt	бархат
lila	лиловый	Die Stoffe	ткани	die Seide	шелк
grün	зеленый	der Batist	батист	die Wolle	шерсть
blau	синий	die Baumwolle	хлопчатобумажная ткань	die Schurwolle	шерсть высшего качества
gold	золотой	der Flanell	фланель	die Viskose	вискоза

1 Welche Wörter kennen Sie hier schon?

2 Aussprache

[iː] lila
[oː]/[o] rosa, rot;/die Wolle
[uː] die Schurwolle
[yː] grün

3 Intonation

oránge; violétt; Batíst; Flanéll; Polyamíd; Polyacrýl;

4 Personen raten

Beschreiben Sie die Kleidung eines Kursteilnehmers oder einer Kursteilnehmerin: „Das Hemd ist blau; die Flanell-Hose ist braun; …"
Die anderen sollen raten: Wer ist das?

3 Worauf Sie beim Einkauf achten sollten!

Information

Textilien müssen gekennzeichnet sein.
Besteht z. B. ein Hemd zu 100 % aus Baumwolle, muß auf dem Etikett, das in das Hemd eingenäht ist, „100 % Baumwolle" stehen. Sind mehrere Fasern zu einem Textil verarbeitet, muß die Hauptfaser angegeben sein. Beispiele:

На что нужно обращать внимание, делая покупки!

На этикетках текстильных изделий всегда должно находиться обозначение. Если напр. рубашка сшита из 100 % хлопчатобумажной ткани, то на этикетке, пришитой к рубашке, должно быть написано „100 % Baumwolle". Если при продукции текстильного изделия использовали разные волокна, то на этикетке должны находиться указания основных текстильных волокон. Например:

70 % Wolle
20 % Angora
10 % Polyamid

100 % Baumwolle

83 % Wolle
17 % sonstige Fasern

Die Etikettierung finden Sie z. B. bei einem Hemd am Kragen oder an der linken Seitennaht unten, ebenso bei Blusen.
Bei Hosen befindet sich das Etikett auf der rechten Gesäßtasche oder hinten innen am Bund.

На рубашках, а также на блузках, этикетки пришиты к воротнику или внизу к левому шву.

На мужских брюках этикетки находятся на правом заднем кармане или на поясе сзади изнутри.

Kleidergrößen

Herrengrößen (Normale Größen)

Körpergröße in cm	Kleidergröße
156–160	40
161–165	42
166–170	44
168–173	46
171–176	48
174–179	50
177–182	52
180–185	54
183–188	56

Damengrößen (Normale Größen)

Brust-umfang cm	Taillen-umfang cm	Hüft-umfang cm	Größe
74–77	59–62	82–85	32
78–81	62–64	86–88	34
82–85	64–67	89–92	36
86–89	68–71	92–95	38
90–93	72–75	96–99	40
94–97	76–79	100–103	42
98–101	80–83	104–107	44
102–106	84–88	108–111	46
107–112	89–94	112–117	48
113–118	95–101	118–122	50

1 Welche Kleidergröße haben Sie? Wie ist Ihre Schuhgröße?

4 Ein Sommerkleid für Mutter

1 Hören Sie den Text auf der Cassette und beantworten Sie die folgenden Fragen:

— Was sucht Herr Holl?
— Wohin geht er?
— Wen fragt Herr Holl?
— Welche Kleidergröße hat die Mutter von Herrn Holl?
— Was soll Herr Holl mit dem Kassenzettel machen?
— Kann er das Kleid umtauschen?

13

Herr Holl möchte für seine Mutter ein Sommerkleid kaufen.
Er geht in ein Kaufhaus, in die Damenabteilung.
Er fragt eine Verkäuferin:

○ Entschuldigung, können Sie mir bitte helfen?
 ● Aber selbstverständlich, was kann ich Ihnen denn zeigen?
○ Ich suche ein Kleid für eine Dame, meine Mutter.
 ● Können Sie mir die Kleidergröße sagen?
○ Die Größe? Ich glaube, 44 oder 46.
 ● Gut, schauen Sie dort drüben, dort finden Sie Kleider in den Größen 44 bis 48.
○ Danke schön, ... Und was mache ich, wenn meiner Mutter das Kleid nicht paßt?
 ● Kein Problem. Heben Sie den Kassenzettel gut auf. Mit dem Kassenzettel können Sie das Kleid innerhalb einer Woche wieder umtauschen.
○ Danke.

Das sagt der/die Verkäufer,-in oft: *Das sagen Sie beim Kleidungskauf:*

○ Kann ich Ihnen helfen?   ● Ich | suche eine Bluse in blau, Größe 40.
○ Kann ich Ihnen etwas zeigen? | möchte einen Mantel in braun, Größe 54.
                                     | ...

GR S. 128,1

Information

Fragen Sie beim Kauf einen Verkäufer, ob und in welchem Zeitraum Sie eine Ware <u>umtauschen</u> können bzw. ob Sie das Geld zurückbekommen können. Wenn eine Ware keinen Fehler hat, muß das Kaufhaus sie nicht unbedingt zurücknehmen oder umtauschen! Heben Sie grundsätzlich alle <u>Kassenzettel</u> mindestens 6 Monate auf. Auch auf Bekleidung gibt es <u>Garantie</u> (6 Monate).

Покупая товары, сразу спрашивайте продавца, в течение какого времени вы можете <u>обменять</u> товар или получить обратно деньги. Если же купленная вами вещь без дефекта, то магазин не обязан обменивать товар или принимать его обратно! Сохраняйте принципиально все <u>кассовые чеки</u> по крайней мере 6 месяцев. На одежду тоже есть <u>гарантия</u> (6 месяцев).

5 Bekleidung im Sommer

der Sonnenhut	шляпа от солнца
die Bluse	блузка
die Badehose	плавки
der Badeanzug/	купальныий костюм/
der Bikini	бикини
das Sommerkleid	летнее платье
die Sandalen	сандалеты
das T-Shirt	
das Sweat-Shirt	
die kurze Hose/	короткие брюки/
die Shorts	шорты

Bekleidung im Winter

der Hut/die Mütze	шляпа/шапка
der Wintermantel	зимнее пальто
der Pelzmantel	шуба
die Stiefel	сапоги
der Schal	шарф
die Handschuhe	перчатки
der Schi-Anzug	лыжный костюм

1 Was tragen *Sie* im Sommer/im Winter?

6 Die Reklamation

1 Hören Sie das folgende Gespräch und beantworten Sie dann die Fragen:

1. Herr Weitzel hat einen Anzug gekauft. Was ist kaputt?
2. Kann er den Anzug umtauschen?
3. Bekommt er den gleichen Anzug?
4. Was schlägt der Abteilungsleiter vor?
5. Warum braucht Herr Weitzel den Kassenzettel?
6. Bekommt er das Geld gleich zurück?

2 Hören Sie das Gespräch noch einmal und lesen Sie dabei den Text.

Herr Weitzel hat einen Anzug gekauft. Der Anzug war ziemlich preisgünstig: er hat nur 165,– DM gekostet. Herr Weitzel hat ihn im Geschäft anprobiert. „Der paßt sehr gut; den kaufe ich", hat Herr Weitzel gedacht.

Zu Hause probiert er den Anzug noch einmal an. Jetzt sieht er: ein Knopf fehlt, und eine Tasche ist zugenäht!

Herr Weitzel geht zum Kaufhaus zurück und zeigt dem Verkäufer den Kassenzettel und den Anzug:

○ Hier, sehen Sie, ich habe den Anzug gestern bei Ihnen gekauft. Hier fehlt ein Knopf, und die linke Tasche ist zugenäht.
  ● Ja, stimmt, tut mir leid. Bitte kommen Sie mit, wir gehen zum Abteilungsleiter ...
   Herr Berger, wir haben hier eine Reklamation.
   An der Hose fehlt ein Knopf, und die Tasche hier ist zugenäht.
△ Sie haben recht. Herr ...
  ○ Weitzel.
△ Herr Weitzel, wir können den Anzug umtauschen.
  ○ Gut, ich möchte aber das gleiche Modell haben.
    ● Tut mir leid, aber das war der letzte Anzug von dieser Serie.
△ Ich mache Ihnen einen Vorschlag:
  Wir können das reparieren. Das dauert zwei Tage, dann haben Sie den Anzug. Oder: Wir geben Ihnen einen Warengutschein über 165,– Mark. Einverstanden?
    ○ Ja, aber ich möchte lieber das Geld zurück, keinen Warengutschein!
△ Schön, Sie können auch das Geld zurück haben. Haben Sie den Kassenzettel mit? – Gut. Hier ist eine Gutschrift. Gehen Sie zur Kasse 1, dort bekommen Sie das Geld zurück.

preisgünstig = billig
anprobieren = *примерять*
fehlen = nicht da sein
zunähen = *зашивать*

Info

Wenn die Ware einen Fehler hat, dann muß das Geschäft
A die Ware zurücknehmen und das Geld zurückzahlen oder
B die Ware reparieren oder
C die Ware umtauschen oder
D einen Preisnachlaß geben.

Если товар с дефектом, то магазин должен:
А принять товар назад и вернуть деньги или
Б устранить дефект товара или
В обменять товар или
Г сделать скидку.

3 Besprechen und Spielen

Ihre Lehrerin/Ihr Lehrer spielt die Verkäuferin/den Verkäufer.
– Sie haben ein Hemd/eine Bluse gekauft. Das Hemd/Die Bluse hat 48,50 DM gekostet. Zu Hause bemerken Sie, daß es/sie einen Fleck hat. Was machen Sie?
– Sie haben eine Schreibmaschine für 520,– DM gekauft. Die hat ein Jahr Garantie. Nach 4 Monaten ist die Schreibmaschine kaputt! Sie bringen die Schreibmaschine ins Geschäft zurück und ...

4 Haben Sie auch schon eingekauft und Reklamationen gehabt? Wie war das?

Alles super-billig! Alles gut??

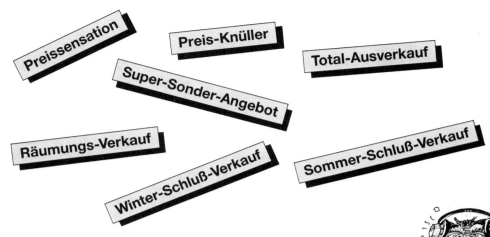

Preissensation
Preis-Knüller
Total-Ausverkauf
Super-Sonder-Angebot
Räumungs-Verkauf
Winter-Schluß-Verkauf
Sommer-Schluß-Verkauf

1 Hören Sie zu:

Jan ist achtzehn. Er geht zur Schule. Jan steht vor einem Jeansladen.
Jeans gefallen ihm gut. Jan ist groß und schlank. Jeans stehen ihm auch sehr gut.
Er liest: „Winter-Schluß-Verkauf – Super-Sonder-Angebote: unglaublich günstig!"

○ Guten Tag, was darf's denn sein?
　　● Guten Tag. Ich möchte eine Thermo-Jeans.
○ Thermo-Jeans? Sehr gut! Da haben wir zur Zeit einen Super-Sonder-Preis-Knüller!
　 Hier, die kosten nur noch 19,90 DM!
　　● Das ist ja wirklich sehr billig.
○ Nicht wahr! Es sind auch nur ein paar da! Sie sind so billig, weil sie dritte Wahl sind.
　 Sie haben ein paar kleine Fehler, aber das ist absolut nicht schlimm.
　　● Die Hosen sehen wirklich gut aus. Da nehme ich zwei: die in blau
　　　und die in schwarz. Größe 30.
○ Dort drüben ist die Umkleidekabine, da können Sie sie anprobieren.
　　● Das ist schon in Ordnung. Ich habe wenig Zeit. Ich muß zur Schule.
　　○ Wie Sie wollen. 39,80 DM.

Zu Hause zeigt Jan die zwei Hosen seiner Mutter.

　　● „Schau mal, zwei Thermo-Jeans für nur 39,80 DM!
△ Sag mal, bist du verrückt, oder was ist los mit dir?!
　　● Warum? Sie sind doch schön!
△ Aber die sind doch total kaputt!
　　● Wo? Was?
△ Hier, der Reißverschluß ist kaputt, hier fehlt ein Knopf, hast du denn das nicht
　 gesehen?
　　● Vielleicht kann ich sie umtauschen.
△ Na los, bring sie zurück!

GR S. 128,2

2 Besprechen und Spielen

– Was meinen Sie: Hat Jan eine Chance?
– Jan muß in das Jeans-Geschäft zurückgehen und die Jeans zurückbringen.
　Was soll er sagen? – Was sagt der Verkäufer?
　Spielen Sie das Gespräch zwischen Jan und dem Verkäufer.
　Ihre Lehrerin/Ihr Lehrer spielt den Verkäufer.

3 Hören Sie weiter:

Jan ist wieder im Jeans-Laden.
Er hat ein bißchen Angst. Er geht zu einem Verkäufer.
- ● Hallo. Ich habe heute vormittag die beiden Hosen gekauft. Hier ist der Kassenzettel. Ich möchte sie umtauschen!
  - ○ Warum denn?
- ● Hier, der Reißverschluß, und hier ...
  - ○ Oh je, die sind ja wirklich total kaputt. Und die haben Sie hier gekauft?
- ● Ja, da vorn ist der Stapel. Dort: „Super-Sonder-Angebot."
  - ○ Mensch, können Sie denn nicht lesen?! Da steht doch: „Dritte Wahl! Umtausch ausgeschlossen!"
- ● Und was kann ich da jetzt machen?
  - ○ Eigentlich ist da nichts zu machen. Aber warten Sie mal: ich spreche mit dem Chef. Schauen Sie mal bei dem Stapel bei Größe 30 nach. Vielleicht gibt es noch Hosen, die in Ordnung sind. Moment, ich komme gleich wieder ...

Info

Berechtigte Reklamationen sind bei Ausverkaufs- und Sonderverkaufs-Waren nicht ausgeschlossen. Wenn der Fehler aber eindeutig gekennzeichnet war, liegt es im Ermessen des Geschäfts, ob es die Ware zurücknehmen oder umtauschen oder ersetzen oder einen Preisnachlaß gewähren will.

Обоснованные рекламации товаров, купленных при распродаже или при экстренной продаже, не исключены. Если же ясно было написано, что это товар с дефектом, то обмен или принятие назад или скидка или замена предоставлены на усмотрение магазина.

4 Was meinen Sie:
Was sagt der Chef? Welche Möglichkeiten gibt es für Jan?

8 Die gewaschene Bluse

Maria hat in einem Kaufhaus eine Baumwollbluse gekauft. Nach einer Woche wäscht sie die Bluse in der neuen Waschmaschine. An der Bluse war ein Etikett: Maria hat nicht verstanden, was das Etikett bedeutet. Jetzt paßt die Bluse der kleinen Ilona!

1 Was hat Maria falsch gemacht?

Information

In Textilien finden sich oft sogenannte Pflegekennzeichen. Diese Kennzeichnung ist im Gegensatz zur Textilkennzeichnung freiwillig, d. h. nicht gesetzlich vorgeschrieben.

Wichtige Pflegekennzeichen:

На текстильных изделиях часто обозначены специальные знаки, помогающие правильному уходу за данной вещью. В противоположность обозначениям на текстильных изделиях, знаки по уходу наносятся добровольно, это значит; они не предписаны законом.

Важные знаки по уходу за изделием:

Kochwäsche, 95°
белье, которое можно кипятить

Schonwaschgang, 40°
операция, не портящая белье, 40°

Nur Handwäsche, lauwarm
стирать только вручную, в теплой воде

Nicht waschen
не стирать

Heiß bügeln
горячее глаженье

Nicht heiß bügeln
глаженье не слишком горячим утюгом

Nicht bügeln
не гладить

Chlorbleiche nicht möglich
невозможно отбеливать в хлорке

Nicht im Tumbler trocknen
не сушить в сушильной машине

2 Besprechen Sie die Pflegekennzeichen:
Was soll man tun? Was darf man nicht tun?

3 Erzählen Sie:
Haben Sie auch schon einmal etwas falsch gemacht? Was ist passiert?

Einkaufen mit dem Versandhaus-Katalog

13

Делать покупки, заказывая их по каталогу

Information

In der Bundesrepublik bieten viele Versandhäuser ihre Waren per Katalog an. Man kann zu Hause alles in Ruhe überlegen und aussuchen. Das ist ein Vorteil.

Frau Ploetz hat bei einem Versandhaus ein zweiteiliges Kleid mit Gürtel bestellt. Es kostet 170 Mark.
Nach 2 Wochen bringt die Post ein Paket. Der Postbote kassiert per Nachnahme 182,– Mark: 170,– Mark für das Kleid, plus Nachnahmegebühr plus Paketzustellgebühr plus Versandkosten.
Frau Ploetz packt das Kleid aus: der Gürtel fehlt, das Kleid ist zu eng, und die Farbe gefällt ihr nicht. Sie schickt das Kleid zusammen mit dem Rückgabeschein wieder an das Versandhaus. Dafür bezahlt sie noch einmal 4,– Mark. Sie erhält eine Gutschrift über 170,– DM für die nächste Bestellung.

Wenn Sie bei einem Versandhaus zum ersten Mal bestellen, informieren Sie sich zuerst über die Geschäftsbedingungen. Sie finden sie meistens auf den letzten Seiten des Katalogs. Sie verstehen sicher nicht alles! Lassen Sie sich deshalb von Bekannten helfen.

Manche Versandhäuser liefern nur per Nachnahme, andere stellen eine Rechnung oder sie bieten 3, 6 oder 9 Monatsraten an. Das kostet zusätzliche Zinsen! Ein Umtausch der Waren ist fast immer möglich. Meistens haben Sie 14 Tage Zeit. Manche Waren, z. B. Videobänder und Hygieneartikel sind vom Umtausch ausgeschlossen.

Beim Umtausch bekommen Sie entweder andere Waren, die Sie ausgesucht haben, oder Sie bekommen einen Verrechnungsscheck oder Bargeld oder eine Gutschrift für die nächste Bestellung.

Wenn die Ware ausgeliefert wird, prüfen Sie sofort, ob alles vollständig und unbeschädigt ist. Für Transportschäden haftet das Versandhaus.

В Федеративной Республике Германии многие посылочные торговые фирмы предлагают покупать товары, заказывая их по каталогу. Дома можно все спокойно обдумать и выбрать. В этом преимущество.

В одной посылочной торговой фирме госпожа Плётц заказала платье с поясом, состоящее из двух частей. Оно стоит 170 западногерманских марок. Через две недели по почте пришла посылка наложенным платежом. Почтальон получил 182 западногерманские марки: 170,– за платье, плюс тариф (оплаты) наложенным платежом, плюс плата за доставку посылок, плюс расходы по отправке. Госпожа Плётц распаковывает посылку: пояса нет, платье слишком узко и цвет ей не нравится. Она посылает платье вместе с накладной обратно на фирму. За это она еще раз платит 4 западногерманские марки. Она получает запись в кредит в 170 марок на следующий заказ.

Если Вы в первый раз заказываете в посылочной торговой фирме, то сначала проинформируйтесь о ее условиях сделки. Их Вы можете найти на последних страницах каталога. Вы наверное не все поймете. Поэтому разрешите знакомым помочь Вам.

Некоторые посылочные торговые фирмы посылают товары только наложенным платежом, некоторые присылают счет или предлагают взять в кредит на 3, 6, или 9 месяцев. За это с Вас дополнительно удерживают проценты. Обмен товаров всегда возможен. В большинстве случаев Вы можете обменять товар в течение 14 дней. Некоторые товары, например, гигиенические, или видеокассеты обмену не подлежат.

При обмене Вы можете получить или другие товары, выбранные Вами, или жиро-чек или наличные или запись в кредит на следующий заказ.

Получив товар сразу же посмотрите все ли Вам прислали и не поврежден ли товар. За повреждения при транспортировании товаров отвечает посылочная торговая фирма.

1 Projekt

Sehen Sie sich im Unterricht mehrere Kataloge von Versandhäusern an:
Was steht bei den Geschäftsbedingungen zu:
– Zahlungsbedingungen?
– Versandkosten?
– Rückgabefrist?
– Welche Waren sind vom Umtausch ausgeschlossen?
Vergleichen Sie die Preise.

Просмотрите во время урока несколько разных каталогов посылочных торговых фирм: Что помещено в условиях сделки о(б):

– условиях платежа
– расходах по отправке
– установленном сроке возврата товаров
– Какие товары не подлежат обмену?

Сравните цены.

Grammatik

1. Verben mit Ergänzungen im Dativ und Akkusativ
Глаголы с дополнениями в дательном и винительном падежах.

			Dativ/Singular Maskulinum	Neutrum	Femininum	Akkusativ/ Singular
zeigen	Der Verkäufer	zeigt	dem Herrn,	dem Kind,	der Dame	eine Bluse.
geben	Ich	gebe	einem Mann,	einem Kind,	einer Frau	einen Brief.
schenken	Hans	schenkt	seinem Freund,	seinem Kind,	seiner Tante	einen Schal.
schreiben	Du	schreibst	deinem Vater,	deinem Kind,	deiner Mutter	einen Brief.
			Dativ/Plural			Akkusativ/ Singular
geben	Ich	gebe	meinen Eltern			ein Geschenk.
leihen	Du	leihst	deinen Freunden			deinen Wagen.

2. Das Personalpronomen im Dativ und Akkusativ
Личное местоимение в дательном и винительном падежах

		1 Dativ	2 Akkusativ
Der Verkäufer	zeigt	der Dame	die Bluse.

⚠️   Akkusativ ⤢ Dativ

		Akkusativ	Dativ
Er	zeigt	sie	ihr.

	Nominativ *им. падеж*	Dativ *дательный падеж*	Akkusativ *винительный падеж*
Singular			
1. Pers.	ich	mir	mich
2. Pers.	du	dir	dich
	Sie	Ihnen	Sie
	er	ihm	ihn
3. Pers.	sie	ihr	sie
	es	ihm	es
Plural			
1. Pers.	wir	uns	uns
2. Pers.	ihr	euch	euch
	Sie	Ihnen	Sie
3. Pers.	sie	ihnen	sie

Grammatik

Ü1 Sprechen Sie mit Ihrem Nachbarn/Ihrer Nachbarin:

○ Leihen Sie mir bitte Ihr Buch?
  Geben Sie mir bitte (Heft/Füller/Anspitzer/...)

● Hier, nehmen Sie es. /
  Ich kann es Ihnen nicht leihen (geben). Ich brauche es gerade selbst.

Buch – Heft – Füller – Anspitzer – Schreibblock – Kuli – Bleistift – Lineal ...

Ü2 Setzen Sie ein.

1. Ich schreibe _____ (meine Freundin) einen langen Brief.
2. Zum Geburtstag schenke ich _____ (mein Mann) ein Buch.
3. Die Bankt leiht _____ (wir) 50 000 DM.
4. Er schenkt _____ (sie) immer Blumen.
5. Sie schicken _____ (wir) keine Pakete.
6. Der Lehrer zeigt _____ (sie/Pl.) einen Film.
7. Leih _____ (ich) bitte dein neues Kleid.
8. Herr Mucha möchte _____ (das Kind) ein Bonbon geben.
9. _____ (ihr) können wir nichts ausleihen! Ihr macht alles kaputt.

2 Verben mit Dativ

Глаголы, употребляющиеся с дательным падежом

Herr Gruscha hat einen Pullover, eine Hose und eine Krawatte gekauft.		
Alles gefällt	ihm	.
Frau Gruscha sagt: Die Hose paßt	dir	nicht; sie ist zu groß.
Der Pullover steht	dir	nicht.
Und die Krawatte gefällt	mir	auch nicht; sie ist zu bunt.

Die folgenden Verben verlangen eine Dativ-Ergänzung (wem?):

Следующие глаголы требуют дополнения в дательном падеже (кому?):

antworten, danken, gehören, helfen, schreiben

Die folgenden Verben dagegen verlangen eine Akkusativ-Ergänzung (wen?/was?):

Следующие глаголы требуют дополнения в винительном падеже (кого?/что?):

bekommen, besuchen, brauchen, essen, sehen, zählen und mögen

Ü1 Antworten Sie bitte. Setzen Sie Personalpronomen im Dativ ein.

Beispiel: ○ Wem gefällt das rosa Kleid nicht? (sie)
● Ihr gefällt das rosa Kleid nicht.

1. Wem gefällt der rote Schal nicht? (er)
2. Wem paßt das gelbe T-Shirt nicht? (es)
3. Wem gehört der schwarze Mantel? (ich)
4. Wem steht grün? (wir)
5. Wem paßt die blaue Hose? (ich)
6. Wem gefallen die lila Nachthemden nicht? (sie/Pl.)
7. Wem steht der gestreifte Anzug nicht? (er)
8. Wem gehören die Stiefel? (wir)

1 Tabellarischer Lebenslauf

Johanna Blitz
Lichtweg 21
3570 Stadtallendorf
Tel. (06428) 1219

L E B E N S L A U F

<u>Persönliche Daten</u>

geboren:	25.11.1965
Geburtsort:	Katowice (Kattowitz) Polen
Familienstand:	verheiratet mit Michael Blitz
Kind:	Kasimir Blitz (2)
Religion:	katholisch
Staatsangehörigkeit:	Deutsch/Aussiedlerin

<u>Schulbildung</u>

1972 - 1980: 8-jährige staatliche Grundschule in Katowice

<u>Berufsausbildung</u>

1981 - 1984: Bergbautechnikum 'Wit Hanke' in Chorzów (Königshütte), Polen
Abschluß: Reifezeugnis des Berufspraktikums
Titel: Techniker-Elektrikerin
Spezialisierung/Bereich: elektrische Maschinen und oberirdische Anlagen des Bergbaus

<u>Berufstätigkeit</u>

11/84 - 06/88: Monteur-Elektrikerin des Vergnügungsparks 'Wypoczyku' in Chorzów

<u>Übersiedlung in die Bundesrepublik Deutschland</u>

08.07.1989: Friedland

<u>Weiterleitung</u>

20.07.1989: Stadtallendorf
Kreis Marburg/Biedenkopf

<u>Deutsch-Lehrgang</u>

10/89 - 09/90: Volkshochschule Marburg-Biedenkopf in Stadtallendorf
Abschluß: Zertifikat Deutsch als Fremdsprache

Stadtallendorf, 01.10.1990

1 Schreiben Sie Ihren Lebenslauf.

Anerkennung der in Osteuropa erworbenen Schul-/Berufsabschlüsse 14

Information

Sie leben jetzt in der Bundesrepublik Deutschland und werden bald Arbeit suchen. Ihr zukünftiger Arbeitgeber will natürlich wissen, welchen Berufsabschluß Sie haben. Auch das Arbeitsamt will ihren Berufsabschluß wissen, damit es für Sie eine entsprechende Arbeit suchen kann.

Lassen Sie deshalb ihre in Osteuropa erworbenen Schul- und Berufsabschlüsse auf jeden Fall anerkennen. Für diese Anerkennung sind die Kultusminister der Länder zuständig. Dies gilt zwar nicht für alle Abschlüsse, aber man verweist Sie im Kultusministerium an die Stelle, die Ihnen weiterhelfen kann.

Признание аттестатов и дипломов, полученных в Восточной Европе

Теперь Вы живете в Федеративной Республике Германии и скоро будете искать место работы. Ваш будущий работодатель конечно захочет знать, кто Вы по специальности. Биржа труда тоже хочет знать, какое у Вас образование и кто Вы по специальности, для того чтобы она могла искать для Вас подходящее место работы.

По этой причине обязательно постарайтесь добиться признания всех Ваших аттестатов и дипломов, полученных в Восточной Европе. Признание таких документов входит в компетенцию земельных министров по делам образования и религии. Обратитесь к ним, даже если это распространяется не на все аттестаты и дипломы, так как они пошлют Вас в учреждение, где Вам могут помочь.

```
                                        Stadtallendorf, 18.10.19..
nna Blitz
tweg 21
  Stadtallendorf
 06428) 1219


sischer Kultusminister
tfach 3160

0 Wiesbaden


trifft: Anerkennung meines in Polen erworbenen Berufsabschlusses

hr geehrte Damen und Herren,

 28.8.1984 habe ich nach einer 3-jährigen Berufsausbildung die Techniker-
rüfung in Polen abgelegt.

         B E R U F S A B S C H L U S S

         Datum:            28.08.1984
         Berufsschule:     Bergbautechnikum 'Wit Hanke'
         Ort:              Chorzów (Königshütte)
         Titel:            'Techniker-Elektrikerin'
         Spezialisierung/  elektrische Maschinen und oberirdische
         Bereich:          Anlagen des Bergbaus

Hiermit bitte ich um Anerkennung meines Berufsabschlusses.

Mit freundlichen Grüßen

Anlagen
1. Tabellarischer Lebenslauf
2. Berufsabschluß, polnisch und deutsche Übersetzung (beglaubigte Fotokopien)
3. Arbeitsnachweis, polnisch und deutsche Übersetzung (beglaubigte Fotokopien)
4. Vertriebenenausweis oder Registrierschein (beglaubigte Fotokopien)
```

Das ist Frau Blitz.

1 Lesen Sie den Brief und berichten Sie:

– Welchen Beruf hat Frau Blitz?
– In welcher Schule hat sie gelernt?
– In welcher Stadt hat sie gelebt?
– Wie lange hat die Ausbildung gedauert?
– Wo wohnt sie jetzt?
– Wem schreibt sie?
– Warum schreibt sie?

2 Schreiben Sie einen Brief an den Kultusminister Ihres Bundeslandes und bitten Sie um die Anerkennung Ihres in Osteuropa erworbenen Schul- und Berufsabschlusses.

3 Johanna Blitz sucht eine Stelle

Auf S. 130 finden Sie den Lebenslauf von Frau Blitz.
Frau Blitz hat den Deutsch-Lehrgang mit dem Volkshochschulzertifikat erfolgreich beendet und sucht jetzt eine Stelle. Jeden Tag liest sie in der Zeitung die Stellenanzeigen.
Heute findet sie die folgenden Anzeigen:

Anzeige 1

CONTEC
Wir suchen für unseren Anlagenbau im südd. Raum bei guter Lohn-Auslöse
Heizungsmonteure
Sanitärinstallateure
Schlosser
Elektriker
A + E-Schweißer
mit gültiger Prüfung
auch Samstag von 10–13 Uhr
CHRISTOPHSTR. 7 · 4000 DÜSSELDORF
02 11/24 75 38

Anzeige 2

Wir suchen tüchtige
Fleisch- und Wurstverkäuferinnen
für 3 bzw. 4 Tage in der Woche sowie
Auslieferungsfahrer
(VW-Bulli) für die Nachmittagsstd.
Edeka Aktiv Markt F. Kroll
Hentzestr. 36, 4400 Münster
Tel. 0251/2 13 76

Anzeige 3

Schallplattengeschäft sucht
junge Mitarbeiter/in
auch für Lager und Verkauf, evtl. aushilfsweise.
Ausführliche Bewerbung m. Lichtbild unter 267345 OZ Osnabrück

Anzeige 1	
der Anlagenbau	строительство сооружений
südd. = süddeutsch	южно-немецкий
die Lohn-Auslöse	заработная плата
der Heizungsmonteur	монтер по отопительной системе
der Sanitärinstallateur	слесарь-сантехник
der Schlosser	слесарь
der Elektriker	электрик
der Schweißer	сварщик
(A = Autogen-	(A = автогенный)
E = Elektro-)	(E = электрический)
gültig	действительный
die Prüfung	экзамен

Anzeige 2	
tüchtig	умелый
der Auslieferungsfahrer	шофер, поставляющий товары
der Nachmittag	послеобеденное время
Std. = Stunde	час

Anzeige 3	
das Lager	склад
der Verkauf	продажа
aushilfsweise	временно
ausführlich	подробно
die Bewerbung	заявление о приеме
das Lichtbild	фотография

1 Welche Wörter verstehen Sie schon?

2 Aussprache

[ø:] der Monteur, der Installateur; die Auslöse
[ɔɪ] die Verkäuferin
[ɛ:] sanitär
[aː] der Fahrer, das Lager
[y] tüchtig
[y:] die Prüfung, süddeutsch, ausführlich
[ts] der Heizungsmonteur

3 Intonation

der Montéur – der Héizungsmonteur
der Installatéur – der Sanitärinstallateur
der Eléktriker – die Áuslieferung;
der Mítarbeiter

4 Die Anzeigen besprechen

– Welchen Beruf hat Frau Blitz?
– Welches Angebot ist für sie besonders interessant?
– Hat sie eine „gültige Prüfung"?
– Welche Probleme gibt es, wenn Frau Blitz die Stelle bei CONTEC haben möchte und sich bewirbt?
– Wo ist die Firma CONTEC?

Frau Blitz bewirbt sich um die Stelle als „Elektriker"

Hier ist ihr Bewerbungsbrief:

① Johanna Blitz   ② Stadtallendorf, 2. Oktober 19..
Lichtweg 21
3570 Stadtallendorf
Tel. (06428) 1219

Firma CONTEC
Personalabteilung
Christophstraße 7

③ 7000 Stuttgart

④ Ihr Stellenangebot im Marburger Anzeiger vom 30.9.19..

⑤ Sehr geehrte Damen und Herren,

⑥ Ihre Anzeige habe ich mit großem Interesse gelesen. Ich bin Aussiedlerin aus Polen, habe eine Ausbildung als Technikerin mit Elektrik-Schwerpunkt absolviert und einige Jahre Berufspraxis. Seit Juli 1989 bin ich mit meiner Familie in der Bundesrepublik. Ich habe soeben einen einjährigen Deutschkurs mit dem Volkshochschulzertifikat erfolgreich abgeschlossen.

⑦ Ich möchte mich bei Ihnen um die ausgeschriebene Stelle bewerben.

⑧ Alle nötigen Unterlagen füge ich bei. Über ein baldiges persönliches Gespräch würde ich mich sehr freuen.

⑨ Mit freundlichem Gruß

⑩ *Johanna Blitz*

⑪ Anlagen: Foto, Lebenslauf, beglaubigte Zeugniskopien

Information

Zu einem vollständigen Bewerbungsbrief gehören:

1 komplette Adresse (mit Telefonnummer, falls vorhanden)
2 Wohnort und Datum
3 komplette Adresse der Firma, die die Stelle anbietet
4 Bezug auf die Stellenausschreibung
5 Anrede (Damen und Herren!)
6 Momentane Situation, persönliche Eignung für die Stelle
7 Interesse an der Stelle
8 Bitte um persönliches Gespräch
9 Abschließender Gruß
10 Unterschrift
11 Hinweis auf beigefügte Anlagen

Заявление о приеме на работу обязательно должно содержать:

1 Точный адрес (номер телефона, если есть)
2 Местожительство и дату
3 Точный адрес фирмы, предлагающей место работы
4 Указание на объявление о вакансии
5 Обращение: (Уважаемые дамы и господа!)
6 Ситуацию в данный момент
7 Проявление интереса к рабочему месту
8 Просьбу о собеседовании
9 Формулу вежливости: (С уважением)
10 Подпись
11 Указания на прилагаемые документы

Information

Wie soll man einen Bewerbungsbrief formulieren?
1. Sachliche Informationen zur gegenwärtigen Situation, zu Berufsausbildung und Berufserfahrung geben
2. nicht übertreiben, wenn man die eigenen Qualifikationen darstellt
3. möglichst einfach schreiben.

Welche Unterlagen gehören zu einem Bewerbungsbrief?

1. der Lebenslauf
2. ein Foto (nicht zu alt; Paßfoto)
3. Zeugnisse zur Ausbildung und zur bisherigen beruflichen Tätigkeit; Zeugnis über die Deutschkenntnisse.
Keine Originale, sondern nur beglaubigte Kopien schicken!

Как сформулировать заявление о приеме на работу?
1. деловое представление ситуации в данный момент, указание профессионального образования и профессионального опыта
2. не преувеличивать при указаниях собственных квалификаций
3. писать как можно проще

Какие документы прилагаются к заявлению о приеме на работу?
1. биография
2. одна фотография (не слишком старая; фотокарточка для паспорта)
3. свидетельства об образовании и характеристика с прежнего места работы: какие у Вас знания немецкого языка.
Посылайте не подлинные документы, а заверенные ксерокопии!

1 Sie haben Interesse an der Stelle als „Fleischverkäuferin" bzw. „Mitarbeiter für Lager und Verkauf" (Anzeige 2 bzw. 3 auf S. 132).

Schreiben Sie einen Bewerbungsbrief.

2 Projekt:

Sehen Sie sich im Deutschkurs gemeinsam die Stellenangebote in Ihrer Regionalzeitung durch:
– Welche Stellen gibt es?
– Suchen Sie gemeinsam eine Stellenanzeige aus und schreiben Sie dazu einen Bewerbungsbrief nach dem Muster des Briefes von Frau Blitz.

3 Anzeigen für die Zeitung:

1. Frau Blitz will selbst eine Anzeige für die Zeitung schreiben.
Der Text muß kurz sein, damit er nicht viel kostet. Formulieren Sie gemeinsam eine Anzeige für Frau Blitz.
2. Schreiben Sie für sich selbst eine Anzeige für die Zeitung und besprechen Sie Ihren Entwurf gemeinsam im Kurs.

4 Besprechen und Spielen

Sie haben sich um eine Stelle beworben. Sie haben eine Einladung zu einem Vorstellungsgespräch bekommen.

A Wie muß man das Gespräch vorbereiten?
– alle wichtigen Unterlagen (z. B. Zeugnisse) in beglaubigter Übersetzung mitnehmen
– mit einem Bekannten vorher das Vorstellungsgespräch auf deutsch „durchspielen" und das besprechen, was man gut gemacht hat und was man noch besser machen könnte;
– gut schlafen und sich korrekt anziehen;

B Wie soll man sich im Gespräch verhalten?
– im Gespräch freundlich, aber nicht unterwürfig sein;
– klare und sachliche Antworten geben;
– nicht zu viel Privates erzählen;
– klar sagen, was man kann und was man erwartet;
– die genauen Arbeitsaufgaben erfragen;
– Arbeitszeiten klären;
– Lohnfrage und soziale Leistungen besprechen;

Ihre Lehrerin/Ihr Lehrer ist der Personalchef der Firma CONTEC. Sie sind Frau Blitz. Spielen Sie das Vorstellungsgespräch bei der Firma CONTEC.

Deutschland im 20. Jahrhundert – Ein Überblick

Arbeitslose in Deutschland

1914–1918	Erster Weltkrieg; Ende des Kaiserreiches;
1918–1933	Deutschland ist eine Republik („Weimarer Republik"); Deutschland muß viele Kriegskosten zahlen (Reparationen); das Geld ist nichts wert (Inflation); es gibt viele Parteien und politische Kämpfe; es gibt viele Regierungswechsel; viele Menschen finden keine Arbeit (1932: 6,2 Millionen Arbeitslose).

Die Deutschen in Polen (1939)

1933	Hitler wird Reichskanzler; die Nazi-Partei (NSDAP) übernimmt die Regierung: nationalsozialistische Diktatur.
1939–1945	Der Zweite Weltkrieg beginnt mit dem Angriff auf Polen.

Deutschland 1945

1945	Ende des Krieges und der Nazi-Herrschaft; Deutschland ist zerstört. In Deutschland gibt es jetzt eine amerikanische, eine britische, eine französische und eine russische Besatzungszone. Die Oder-Neisse-Linie wird die Westgrenze Polens.

Währungsreform in Westdeutschland

1948	In den 3 West-Zonen (amerikanische, britische, französische Zone): es gibt eine neue Währung (D-Mark); das „Wirtschaftswunder" beginnt, aber auch der „kalte Krieg" zwischen Ost und West.
Mai 1949	Die 3 West-Zonen bilden die „Bundesrepublik Deutschland."
Oktober 1949	Aus der Sowjetischen Besatzungszone wird die „Deutsche Demokratische Republik".

Moskauer Vertrag

1954–1955	Die Bundesrepublik wird Mitglied in der „NATO", die DDR im „Warschauer Pakt".
1961	Die DDR baut die Mauer in Berlin und einem Grenzwall an der Grenze zur Bundesrepublik.
1970	Die Bundesrepublik schließt mit der UdSSR und Polen Verträge ab (Ostverträge): keine Gewalt, Akzeptieren der Grenzen in Europa.

Bundeskanzler Brandt in Polen 1970

1972	Grundlagenvertrag zwischen der Bundesrepublik und der DDR: keine Gewalt, beide akzeptieren die Grenzen; die Menschen können etwas leichter reisen.
1973	Die Bundesrepublik und die DDR sind seit 1973 in der UNO.
1989	Öffnung der Grenzen zwischen DDR und Bundesrepublik.

2 Stichwörter zur Bundesrepublik Deutschland

Der Anfang
Gründung der Bundesrepublik Deutschland:
23. Mai 1949
Hauptstadt: Bonn
Die ersten Wahlen zum Bundestag: 14. August 1949
Die erste Regierung war eine Koalition aus den konservativ-liberalen Parteien CDU/CSU (Christlich-Demokratische Union/Christlich-Soziale Union), FDP (Freie Demokratische Partei) und DP (Deutsche Partei – diese Partei gibt es jetzt nicht mehr). Die SPD (Sozial-Demokratische Partei) war die größte Oppositionspartei.
Der erste Bundeskanzler war Konrad Adenauer (CDU).
Der erste Bundespräsident war Theodor Heuss (FDP).

Die Institutionen (Staatsorgane) der Bundesrepublik.
Der Bundestag
Das Parlament ist das höchste Organ des Bundes. Alle 4 Jahre sind Bundestags-Wahlen.
Es gibt verschiedene Parteien, z. B. CDU/CSU (Konservative), FDP (Liberale), SPD (Sozialdemokraten) und „Die Grünen". Im Bundestag sind nur die Parteien, die bei den Bundestags-Wahlen mehr als 5 % der Stimmen bekommen. Die Kommunistische Partei hat immer sehr wenige Stimmen bekommen (weniger als 1 %). In gewisser Hinsicht ist jetzt die PDS an ihre Stelle getreten.
Es gibt 518 Abgeordnete (496 + 22 Vertreter aus Berlin [West]). Der Bundestag beschließt die Gesetze. Er wählt den Bundeskanzler.

Der Bundesrat
Der Bundesrat ist die Vetretung der Bundesländer (Bayern; Sachsen; Brandenburg; Hamburg usw.). Es gibt 68 Mitglieder. Die Landesregierungen bestellen die Mitglieder des Bundesrats. Der Bundesrat kann Gesetze ablehnen („nein" sagen), die gegen die Interessen der Bundesländer sind.

Der Bundespräsident
ist der oberste Repräsentant der Bundesrepublik (das Staatsoberhaupt). Die Bundesversammlung (= die 656 Abgeordneten des Bundestages und 656 Vertreter der Parlamente der einzelnen Bundesländer) wählt den Bundespräsidenten für jeweils 5 Jahre.

die	Gründung	основание
die	Wahlen	выборы
der	Bundestag	бундестаг
die	Opposition	оппозиция
	christlich	христианскиий
der	Bundeskanzler	федеральныий канцлер
der	Bundespräsident	федеральныий президент
das	Staatsorgan	орган государственной власт
die	Stimme	голос
der/die	Abgeordnete	депутат
der/die	Vertreter,-in	представитель
	beschließen	принять закон/ постановить
das	Gesetz	закон
der	Bundesrat	бундесрат
die	Vertretung	представительство
	ablehnen	отказать/отклонить
das	Staatsoberhaupt	глава государства

1 Versuchen Sie mit Ihrer Lehrerin/Ihrem Lehrer diese Grafik zu erklären.

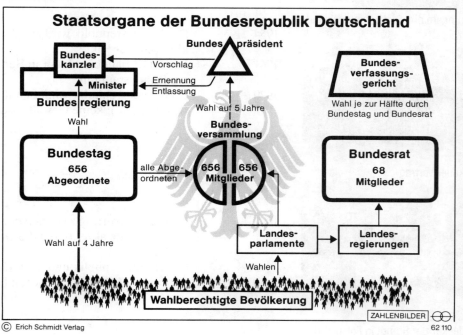

3 Die Bundesregierung

Die Partei, die die Mehrheit der Wähler-Stimmen (mehr als 50 %) bekommt, bildet die Regierung. Für das demokratische System typisch ist, daß oft keine Partei bei der Wahl die absolute Mehrheit (= mehr als 50 %) erhält. Dann kooperieren 2 oder mehr Parteien (Koalition), die zusammen die Mehrheit der Stimmen haben. In der Geschichte der Bundesrepublik hat es Koalitionen von CDU/CSU und FDP (konservativ-liberale Koalition), von SPD und FDP (sozial-liberale Koalition) und CDU/CSU und SPD („große Koalition") gegeben.

| die | Mehrheit | большинство |
| | bilden | образовать / создать |

4 Der Bundeskanzler

Der Bundeskanzler kommt normalerweise aus der Partei, die in der Regierungskoalition die meisten Abgeordneten hat. Der Bundespräsident schlägt dem Parlament den Kanzler vor; das Parlament wählt dann den Kanzler.
Er ist der Chef der Bundesregierung (sie besteht aus Ministern, z. B. Bundeswirtschaftsminister, Bundesfinanzminister, Innenminister; Bundesminister für Bildung und Wissenschaft usw.). Der Bundeskanzler bestimmt die „Richtlinien der Politik". Er hat eine starke Position. Der Bundestag kann ihn nur mit der Mehrheit der Stimmen der Abgeordneten abwählen (Mißtrauensvotum). Der Chef der größten Partei, die <u>nicht</u> in der Regierungskoalition ist, ist der Oppositionsführer.
Die Opposition kontrolliert im Parlament die Regierung. Der Oppositionsführer kann bei der nächsten Bundestagswahl Regierungs-Chef (Kanzler) werden. Deshalb ist seine Position sehr wichtig.

der	Bundeswirtschaftsminister	федеральный министр хозяйства
der	Bundesfinanzminister	федеральный министр финансов
der	Bundesinnenminister	федеральный министр внутренних дел
der	Bundesminister für Bildung und Wissenschaft	федеральный министр образования и науки
die	Richtlinie	директива
das	Mißtrauensvotum	вотум недоверия
der	Oppositionsführer	глава оппозиции
	vorschlagen	предложить

Bundeskanzler seit der Gründung der Bundesrepublik

Konrad Adenauer (CDU) 1949–1963

Ludwig Erhard (CDU) 1963–66

Kurt Georg Kiesinger (CDU) 1966–1969

Willy Brandt (SPD) 1969–1974

Helmut Schmidt (SPD) 1974–1982

Helmut Kohl (CDU) seit 1982

5 Die demokratischen Parteien in der Bundesrepublik

1 Jede demokratische Partei hat ein eigenes Programm. Was soll in einem Parteiprogramm Priorität haben?

Legen Sie eine Rangfolge von 1 bis 10 fest.

Gesundheitswesen _____   Schulen _____
Entwicklungshilfe _____   Wohnungsbau _____
Kraftwerke _____   Straßenbau _____
Arbeit _____   Umweltschutz _____
Bundeswehr _____   Renten _____

2 Projekt: Vergleichen Sie Ihre Meinung mit den Programmen folgender Parteien:

CDU, FDP, CSU, SPD, GRÜNE, PDS.
Welche Partei ist Ihrer Meinung am nächsten?

CDU:
Die Christlich-Demokratische Union; die Konservativen
Die Grundlagen ihres Programms sind:
Sie beruft sich auf christliche Grundwerte; sie fordert freie Marktwirtschaft und soziale Sicherheit: persönliche Leistung und freies Unternehmertum. Die CDU ist für eine enge Zusammenabeit in der Europäischen Gemeinschaft und in der NATO. Sie betont das Prinzip der deutschen Einheit. Die CDU hat keinen Landesverband in Bayern.

SPD:
Sozialdemokratische Partei Deutschlands
Auch die SPD ist für die soziale Marktwirtschaft, vertritt aber stärker die Interessen der Arbeitnehmer (Vollbeschäftigung, soziale Sicherheit, Mitbestimmung) und ist mehr für eine staatliche Lenkung in Wirtschaft und sozialen Fragen.
Ihre Grundwerte: soziale Gerechtigkeit, Fürsorge für die Schwächeren und Solidarität. Außenpolitisch betont die SPD die Zusammenarbeit im westlichen Bündnis. Sie ist aber auch für gute Beziehungen zu den sozialistischen Ländern.

CSU:
Christlich-soziale Union:
Sie ist die bayerische „Schwesterpartei" der CDU. Die CSU gibt es nur in Bayern. Sie hat ein ähnliches Programm wie die CDU, vertritt aber besonders die Interessen Bayerns in Bonn. Sie ist insgesamt konservativer als die CDU, ihre Politik ist nationaler ausgerichtet.

FDP:
Freie Demokratische Partei: die Liberalen
Die Grundlagen ihres Programms: freie Marktwirtschaft, freies und selbständiges Unternehmertum, möglichst wenig Lenkung und Kontrolle durch den Staat.

Die Grünen
die Umwelt-Partei:
Ihr Programm: Schutz der Umwelt vor Zerstörung ist wichtiger als unkontrolliertes Wachstum der Wirtschaft. Die Partei ist gegen die Atomenergie. Sie ist pazifistisch (Menschen brauchen keine Waffen). Sie ist für mehr soziale Gerechtigkeit und für mehr Mitbestimmung. Sie ist basisdemokratisch orientiert

CDU/CSU und SPD waren seit der Gründung der Bundesrepublik die „großen" Parteien, die abwechselnd in der Regierung den Kanzler gestellt haben.
FDP, PDS und GRÜNE sind die „kleinen" Parteien im Bundestag. Die FDP hat schon mit der CDU/CSU, aber auch mit der SPD Regierungskoalitionen gebildet.
Die GRÜNEN sind in der Regional-, aber auch in der Kommunalpolitik sehr aktiv und erfolgreich. Die PDS ist nach der Vereinigung Deutschlands 1990 in den Bundestag eingezogen.

Entwicklungshilfe	экономическая помощь развивающимся странам
Grundwert	основной капитал
freie Marktwirtschaft	свободная рыночная экономика
Leistung	услуги
Unternehmertum	предпринимательство
soziale Sicherheit	обеспечение
Landesverband	земельная организация
Vollbeschäftigung	полная занятость
Mitbestimmung	соучастие в управлении
Lenkung	управление
Fürsorge	социальное обеспечение
die Schwächeren	более слабые
Umwelt	окружающая среда
Zerstörung	разрушение
Wachstum	рост
Gerechtigkeit	справедливость
erfolgreich sein	с успехом / успешный

Die Wahlen in der Bundesrepublik

Jeder Bundesbürger, der volljährig ist, d. h. über 18 Jahre alt ist, hat das aktive Wahlrecht.

Die Wahlen sind

allgemein: jeder Bundesbürger über 18 Jahre hat das Wahlrecht.

frei: Jeder Bürger mit Wahlrecht darf die Partei und den Kandidaten wählen, die er für richtig hält.

gleich: Jeder Wahlberechtigte hat das gleiche Stimmrecht, das bedeutet: es gibt bei Wahlen keine Privilegien, niemand hat mehr Stimmen als andere.

geheim: Niemand muß sagen, welche Partei oder welchen Kandidaten er wählt.

Es gibt Kommunalwahlen (= Wahlen für die Stadt / Gemeinde → Gemeinderat)
Kreistagswahlen (= Wahlen für den Landkreis → Kreistag)
Bezirkstagswahlen (= Wahlen für den Regierungsbezirk → Bezirkstag)
Landtagswahlen (= Wahlen für das Bundesland → Landtag)
Bundestagswahlen (= Wahlen für die gesamte Bundesrepublik → Bundestag)

1 Erklären Sie:

Die bundesdeutschen Wahlen sind

allgemein: _____

frei: _____

gleich: _____

geheim: _____

2 Vergleichen Sie die Definitionen mit denen Ihres Nachbarn/Ihrer Nachbarin. Diskutieren Sie Ihre Resultate.

3 Diskutieren Sie mit Ihrem Lehrer: Ist es wichtig, in der Bundesrepublik zur Wahl zu gehen? Muß man gehen? Soll man gehen?

4 Versuchen Sie zusammen mit Ihrer Lehrerin/Ihrem Lehrer die Grafik zu erklären.

Bundestagswahl 1987: So wählten die Länder
Stimmenanteile in %

Land	CDU	FDP	SPD	Grüne
Bayern	55,2 (CSU)	8,1	27,0	7,7
Baden-Württemberg	46,7	12,0	29,3	10,0
Rheinland-Pfalz	45,1	9,1	37,0	7,5
Schleswig-Holstein	42,0	9,4	39,8	8,0
Niedersachsen	41,5	8,8	41,4	7,5
Hessen	41,3	9,1	38,7	9,4
Saarland	41,2	6,9	43,5	7,1
Nordrhein-Westfalen	40,1	8,4	43,2	7,5
Hamburg	37,4	9,6	41,2	11,0
Bremen	28,9	8,8	46,5	14,5